falter 27

ERIKA DÜHNFORT

Mit Lyrik leben

Berichte, Betrachtungen, Anregungen

VERLAG FREIES GEISTESLEBEN

1. Auflage 2000

Verlag Freies Geistesleben
Landhausstraße 82
70190 Stuttgart
Internet: www.geistesleben.com

ISBN 3-7725-1427-8

Schutzumschlag: Thomas Neuerer unter Verwendung eines Bildes
(Ausschnitt) von Christian von Grumbkow.
Druck: Offizin Chr. Scheufele, Stuttgart

Inhalt

Vorwort

Was dieses Buch nicht will

Wer das Wort «Lyrik» liest, denkt an Reime, an Versfüße und Strophenformen. Die Wissenschaft, die sich damit befasst, ist die Poetik. Von Lyrik und *Poetik* soll hier nicht die Rede sein, darüber gibt es genügend gute Bücher, dicke, umfassende und schmale, solche, die nur über die «Grundbegriffe» unterrichten. In ihnen kann man viel Wichtiges über Lyrik erfahren. Hier aber sollen nicht Silben in Verszeilen gezählt, nicht jambisch, trochäisch oder sonstwie geartete Versfüße bestimmt werden.

Lyrik hat mit Gedichten zu tun, und bei diesem Wort mag manchem einfallen, dass viele Leute es für notwendig halten, Gedichte zu interpretieren, das heißt, sich selbst und anderen zu erklären, was sie enthalten. Interessantes kann bei Interpretationen herauskommen, manches, bei dem man als Leser des Gedichtes beifällig nickt, oder auch solches, zu dem man missbilligend den Kopf schüttelt. Zuweilen gelingen schöne Interpretationen, etwa wenn ein Dichter das Werk eines Dichterfreundes oder -kollegen betrachtet, wenn er beschreibt, was er in ihm wahrnimmt.

Doch auch das ist hier nicht gemeint. – Nicht Poetik, nicht Interpretation, was bleibt denn dann noch übrig?

Eben auf das, was dann noch bleibt, möchte es eingehen. Man könnte sogar sagen, dass das, wovon es handelt, die Hauptsache sei: das eigentlich Lyrische, sein Mittelpunkt, sein Kern – seine Kraft. Viele mögen jetzt verwundert fragen: Gedichte, solche zarten Gebilde – und Kraft? Wie bringt man das zusammen? Ein einfacher Weg bietet sich an: Wo Kraft ist, da wird etwas bewegt, bewirkt, und wer sich mit der Frage nach Kraft der Lyrik umschaut, kann hier und da und dort von Menschen erfahren, die diese Kraft kennen lernten, Menschen, denen sie wirkend ihr Dasein bekundete.

Davon soll erzählt werden, und das macht die *Berichte* aus. Verwunderung erregen sie allemal, deshalb ist es notwendig, sie zu betrachten: *Betrachtungen* also. Und je länger man die anstellt, desto dringender führen sie zu der Frage: Welcher Art ist denn die Kraft der Lyrik, worauf beruht sie? Auf dem *Inhalt* eines Gedichtes oder darauf, wie es als sprachliches Kunstgebilde sich darstellt, wie es klingt? Wie kommt die Kraft in das Gedicht, was hält sie anwesend darin, unbeschadet vom Gang der Zeit? Und: Was muss man als Leser tun, um die Anwesenheit dieser Kraft immer wieder neu zu erfahren?

Der damit berührte Fragenkomplex stellt einerseits die schwierigste Stelle der Untersuchungen und Überlegungen dar, andererseits bietet er die greifbarste Möglichkeit, dem Rätselwesen «Kraft der Lyrik» nahe zu kommen und einen Weg zu sehen, der zu eigenen Erfahrungen führt. Dem sollen *Anregungen* dienen.

Säuberlich trennen lassen sich diese drei: Berichte, Betrachtungen, Anregungen nur hin und wieder, das Bemühen wird dahin gehen, sie möglichst sinnvoll jeweils einzusetzen.

Zu Anfang eine Überlegung

Lyrik, Poesie, Gedichte – mancher wird fragen, ob es lohnt, sich damit zu beschäftigen, ob wir das brauchen. Die Meinung, dass Lyrikfreunde doch rare, seltene Erscheinungen seien, ist ziemlich verbreitet. Und auch wer sich selber zu den Lyrikfreunden zählt, glaubt meistens, einer Minderheit anzugehören. Ähnliche Zweifel kamen auch einer Dichterin, der polnischen Nobelpreisträgerin Wislawa Szymborska. Sie dichtete:

MANCHE MÖGEN POESIE

Manche –
das heißt nicht alle.
Nicht einmal die Mehrheit, sondern die Minderheit.
Abgesehen von Schulen, wo man mögen muß,
und von den Dichtern selbst,
gibt's davon etwa zwei pro Tausend.

Mögen –
aber man mag ja auch Nudelsuppe,
mag Komplimente und die Farbe Blau,
mag den alten Schal,
mag auf dem Seinen beharren,
mag Hunde streicheln.

Poesie –
was aber ist Poesie.
Manch wacklige Antwort
ist dieser Frage bereits gefolgt.
Aber ich weiß nicht, ich weiß nicht. Ich halte mich
daran fest,
wie an einem rettenden Geländer.[1]

«Abgesehen von Schulen, wo man mögen muss,/ und von Dichtern selbst,/ … etwa zwei pro Tausend.» Diese Aussagen der polnischen Dichterin haben besonderes Gewicht, denn gerade von Wislawa Szymborskas Gedichten berichtet Karl Dedecius, der das gesamte Werk meisterhaft übersetzte, Ungewöhnliches. Das ist es zumindest für unser deutsches Verständnis: «Der Gedichtband *Die große Zahl* erschien 1976 in 10.000 Exemplaren und war, wie die meisten ihrer Gedichtbücher, nach einer Woche vergriffen.» Dedecius fährt fort: «Dabei sei nebenbei auch etwas von den Lesegewohnheiten und Bedürfnissen der polnischen Leser verraten. Denn eine Rezeptionsästhetik am Beispiel der Szymborska würde uns viel vom Nationalcharakter, von der ‹polnischen Seele› mitteilen.» – Der polnische Nationalcharakter, ablesbar an der Art, wie die Polen mit Gedichten (hier insbesondere mit denen einer bestimmten Dichterin) umgehen! 10.000 Exemplare – nach einer Woche vergriffen; in einem Jahr, da mit dem Nobelpreis noch keine Reklame zu machen war, der kam ja erst genau zwanzig Jahre später (1996). Müssen wir im deutschsprachigen Mitteleuropa da nicht beschämt die Köpfe senken? Zwei pro Tausend, die Gedichte mögen, brächten wir wahrscheinlich gar nicht zusammen.

Aber vorschnell sollten wir hier keine Vermutung hegen, kein Urteil aussprechen. Zur Begründung einiges, was unterschiedlich genug ist. An einem der letzten Tage des Jahres 1998 war die allmorgendliche Kultursendung «Mosaik» des WDR 3 ganz der Poesie gewidmet. Unter anderem brach der Kulturkritiker Jürgen P. Wallmann eine Lanze für das so wenig beachtete Gebiet der Lyrik. Er zitierte den polnischen Dichter Andrzej Szczypiorski, «einen Freund unserer Kultur», der von den heutigen Deutschen feststellte: «Sie sind ein Volk der Dichter und Philosophen. Doch dieses Volk denkt nur noch an Euro, Aktienkurse und Rentenreform.» – «Gedichtet wird freilich noch immer – und wie!», fährt Wallmann fort, und er führt die jungen Leute an (unzählige), die «ihre Gefühle auf Papier bringen, die Sätze zu Zeilen brechen und dann meinen, das sei Lyrik – aber es ist Bruch. Weil sie nämlich zu wenig lesen, sonst wüssten sie, was ein Gedicht ist.» Im Weiteren vergleicht der Kritiker die «Schreibeleven», die «mit ihren Elaboraten heftig an die Öffentlichkeit drängen», solchen Klavierschülern, «die kaum die Tonleiter spielen können und schon ein Konzert geben wollen». Hans Magnus Enzensberger habe wohl Recht mit der Bemerkung, die Lyrik sei das einzige Kommunikationsmedium, bei dem die Zahl der Produzenten die der Rezipienten übertreffe. Dem Argument, Lyrik sei eben immer und überall nur etwas für eine Minderheit gewesen, hält Wallmann entgegen: «Aber anderswo gilt sie mehr als bei uns, ein Poet genießt Ansehen.» Es folgt die eindrucksvolle Aufzählung von Beispielen, aus denen hervorgeht, wie in Israel, Japan, Griechenland, in den USA, Großbritannien und Rumänien Gedichte ganz selbstverständlich einbezogen werden in die richterliche Justiz, das Staatszeremoniell, das politische Geschehen, wie man sie darin «mitwirken» lässt. Das ist im deutschen Sprachbereich kaum vorstellbar. «Wir sind schon stolz», bemerkt Wallmann, «wenn der neue Kanzler ein Rilke-Gedicht fehlerfrei aufsagen kann» (*war* es fehlerfrei?). Sein Vorgänger Kohl behauptete, er sei «in Hölderin gut gewesen» – wirklich? Wann?

So der Stand der Meinung um den Jahreswechsel 1998/1999, und es war sicher nicht nur die eines kundigen Kunstkritikers. Ein gutes halbes Jahr später aber ereignete sich Erstaunliches, und noch dazu Schlag auf Schlag! Im eigenen Wahrnehmungsbereich machte den Beginn eine Kolumne in der Neuen Zürcher Zeitung vom 15./16. Mai (Nr. 110, S. 49). Unter der Überschrift «Epiphanien» folgten die Untertitel: «Die Lyrik hat Konjunktur», «Auf der Höhe der Zeit», «Dauernder Augenblick». – Anlässlich des 25-jährigen Bestehens der «Frankfurter Anthologie», der einst von Marcel Reich-Ranicki ins samstägliche Erscheinen gerufenen Reihe, brachte die Frankfurter Allgemeine Zeitung lange Aufsätze: «Die Lust der Interpretation», «Schule der Formen» (12. Juni 1999, Nr. 133); das Hamburger Abendblatt füllte die Seiten «Im Gespräch» unter dem Titel «Gedichte» (10./11. Juli 1999). Die Stadt Hamburg setzte dann allem die Krone auf mit der vom Literaturhaus geplanten und durchgeführten Veranstaltung «Poesie in der Stadt». Den ganzen Juli hindurch trugen die großen Plakatwände im Stadtinneren statt der gewohnten Reklamen Gedichte, insgesamt dreißig an der Zahl. «Lernen Sie Lyrik lieben!», hieß es in Aufrufen und Lesungen; Gespräche mit Autoren und Vergabe von Preisen begleiteten die Aktion. «Lieblingsgedichte» wurden erfragt. Dem Hamburger Bürgermeister zum Beispiel hatte es Goethes Fabel von den Fröschen angetan, die wie Nachtigallen singen wollten, wenn nur erst der Teich nicht mehr mit Eis bedeckt wäre. Das Ergebnis ist bekannt.

Die Aufzählung könnte noch weitergeführt werden, sie möge aber genügen um darzutun, dass es offensichtlich an der Zeit ist, von Lyrik zu sprechen. Von ihr, die man als Gefährtin in die Stille des Allein-Seins hereinbitten kann, um sich an ihrem rhythmisch-melodischen Sprechen zu erfreuen – und mehr als das! Von dem «mehr» soll in allem Weiteren nun die Rede sein.

Es ist an der Zeit. Die letztgenannten Beispiele lassen es erkennen. Und schaut man die Geschichte an, so zeigt sich, dass das nie anders gewesen ist. In ältesten Kulturen, von denen sprachliche Zeugnisse uns verblieben sind, waren Priester und Könige die Hüter der poetischen Sprache; in Hymnen, Gebeten, liturgischen Texten bildete sie einen wesentlichen Teil des Mysteriendienstes. Zeugnisse und Reste davon finden sich in allen Religionen. Das nimmt man als Selbstverständliches hin. Poetische Sprache aber in Gedichten, als Lyrik in unserem Alltag, im Leben, wie wir es leben und zu bestehen haben? Man muss nur einmal aufmerksam geworden sein auf diese Frage, muss – mit ihr im Sinn – sich umschauen und kommt zu Entdeckungen, die wie alle echten Entdeckungen Staunen erregen. Einiges davon sei nun berichtet.

Dem Druck der Existenz standhalten: Gedichte als Überlebenshilfe

Ein Dichter und eine Historikerin berichten

Im Jahre 1987 wurde der Nobelpreis für Literatur dem Russen Joseph Brodsky für sein dichterisches Werk verliehen. Der damals 47-Jährige war 1940 in Leningrad geboren, er starb 1996 in New York. Als 24-Jähriger wurde er wegen Parasitentums (Faulenzerei) zu fünf Jahren Zwangsarbeit verurteilt. Gedichte schreiben galt nicht als Arbeit. – In der Sowjetunion wie im westlichen Ausland setzten sich namhafte Persönlichkeiten für Brodsky ein, im Westen lautstark auch die Presse. Die Wirkung blieb nicht aus, nach achtzehn Monaten kam der Häftling aus der Zwangsarbeit frei, sieben Jahre später zwang man ihn aber dann zur Ausreise aus der Sowjetunion (1972). Was der 32-Jährige, als er sich in den USA niederließ, bis dahin in seiner Heimat erlebt hatte, spiegelt sich teilweise in seinen *Erinnerungen an Leningrad* (1986);[2] daraus das Folgende:

«So wie ich meinen Abgang von der Schule mit fünfzehn in Erinnerung habe, war er nicht so sehr eine bewusste Wahl als vielmehr eine Reaktion aus dem Bauch ... So stand ich eines Wintermorgens ohne ersichtlichen Grund mitten im Unterricht auf und nahm meinen melodramatischen Abgang durch das Schultor, im klaren Bewusstsein dessen, dass ich nie wiederkommen würde.» Später erkennt Brodsky, dass er «zu jung» war für den Schritt und sich «von so vielen Dingen herumschubsen ließ». Er stand vor der Notwendigkeit, seinen Lebensunterhalt zu verdienen, «arbeitete als Fräser, in der Anatomie eines Krankenhauses und schließlich als Schiffsheizer».

Der biografische Hintergrund wurde hier etwas deutlicher nachgezeichnet, um verständlich zu machen, wie viel Berechtigung Brodsky hat, ernst genommen zu werden in seinen Äußerungen zur Lyrik. Mit achtzehn Jahren hatte er selber begonnen, Gedichte zu schreiben, «aus Notwehr», wie er später erklärte, «denn die Lyrik gibt uns im Grunde die einzige Möglichkeit, dem Druck der Existenz standzuhalten».[3]

Das ist ein erstaunlicher Satz, man könnte ihn als gewaltig empfinden. Für seine Wahrheit gibt es glaubwürdige Zeugnisse. Autobiografische Schilderungen einer Russin zum Beispiel, geschrieben von Jewgenia Ginsburg.

Geboren 1906 in Moskau, lehrte Jewgenia Ginsburg später als Dozentin Geschichte an der Universität Kasan. 1937 wurde sie vor ein Militärgericht gestellt, die Anklage lautete: «Terrorismus». Zunächst verbrachte sie zwei Jahre in einem Moskauer Gefängnis, zeitweilig immer wieder in dunkler Strafzelle. «Ich konnte hier nicht schlafen, Kälte und Ratten hielten mich wach, die Ratten huschten hin und her, ich schlage nach ihnen mit den großen Bastschuhen. Was kann ich hier tun? Ach ja, Gedichte ...» («... dem Druck der Existenz standzuhalten» – welche Existenz, welcher Druck!).

Jewgenia Ginsburg beginnt Gedichte zu sprechen: von Puschkin und Blok, Nekrassow und Tjutschew. Dann dichtet sie selbst – ohne Bleistift und Papier! Sie ist keine Dichterin, sieht sich vielmehr in diesem Augenblick als «Akyn», als einen der tatarischen Volkssänger, die Gedichte und Lieder improvisieren. «Strafzelle» nennt sie das, was ihr einfällt. Dessen letzte Strophe lautet in der Übersetzung: «Rasender Tanz der Dämonen,/ Gieriges Fletschen der Zähne,/ Weicht von dem Schatz, den ich habe,/ Gefeit bin ich, unverletzbar.» – In den Aufzeichnungen heißt es weiter: «Das können sie mir nicht nehmen, sie haben mir alles genommen: Kleider, Schuhe, Kamm, Strümpfe. Sie ließen mich fast nackt in der Kälte liegen. Aber das können sie mir nicht nehmen. Es steht nicht in ihrer Macht. Das gehört mir. Ich werde auch diese Strafzelle überstehen.» Überlebenshilfe-Gedichte.

Als die Historikerin Ginsburg nach zwei Moskauer Gefängnisjahren schließlich mit fünfundsiebzig Leidensgenossinnen in einem Güterwagen tage- und nächtelang unterwegs ist nach Osten, ins Arbeitslager Kolyma bei Wladiwostok, stellt sie erfreut fest, dass nicht sie allein Besitzerin eines stärkenden Schatzes ist, der dem Zugriff derer nicht unterliegt, die sonst alles nahmen. Bald zeigt sich allerdings, dass ihr eigener

Schatz wohl der hochkarätigste ist, der über weite Strecken alle Bewohnerinnen im Wagen bereichert. Vor Antritt des Transportes waren Verhaltensvorschriften gegeben worden: «Bei einem Halt kein Sterbenswörtchen ... So als ob ihr tot seid ... Ein Wort – und ihr kommt in die Strafzelle. Bücher gibt es unterwegs nicht ... Geschichten erzählen ist nicht verboten.» Das tun die Frauen fleißig, aber immer wieder wünschen sie dazwischen Versdichtungen zu hören. «Klassiker! Das wirkt beruhigend.» Jewgenia, Schenja genannt, weiß davon mehr als die anderen. In der wohltuenden Ruhe, die beim Vortragen entsteht, überhören einmal alle, dass der Zug längst nicht mehr fährt, die Verse fließen weiter und weiter – bis Schenja plötzlich begreift: «Was haben wir getan! ... Was wird geschehen? ... Der Riegel wird polternd zurückgeschoben, und wir hören die scharfe Stimme des Transportleiters: ‹Her mit dem Buch!›» Die Beteuerungen finden keinen Glauben, der Wagen wird durchwühlt, ein Strafgericht braut sich zusammen. In letzter Minute fällt einer der Frauen ein, dem Aufgebrachten vorzuschlagen, der möge doch kontrollieren, hören, dass die «kleine Schwarze» zum Beispiel den ganzen Roman in Versen *Jewgenij Onegin* auswendig sprechen könne. Die Neugierde siegt. «Also los! Ich sehe auf die Uhr. Du liest jetzt eine halbe Stunde ohne Buch, aber wie gedruckt, ohne stecken zu bleiben – dann glaube ich dir. Wenn du es nicht schaffst, wird der ganze Wagen bestraft.» Sie schafft es. Von Bestrafung wird nicht mehr gesprochen, statt dessen wird «in Swerdlowsk» ein Bad in Aussicht gestellt. «Da könnt ihr ... euch waschen und trinken, bis ihr platzt.»[4] Während der Fahrt gab es als Tagesration einen Becher mit Wasser – zum Waschen und Trinken.

Den meisten deutschsprachigen Mitteleuropäern wird es schwer fallen, sich nachfühlend in das Erzählte hineinzudenken. Wichtige Voraussetzungen fehlen: nicht nur (zum Glück!) die Erlebnisse unter Stalins Schreckensherrschaft, sondern auch der Besitz des «Schatzes»! Und nur verschwindend wenige werden fühlen, *dass* er ihnen fehlt; der Verlust, den sie nicht wahrnehmen, ist doppelt groß, wirkt sich doppelt aus. Dass es sich bei den angeführten Beispielen nicht allein um solche Ausnahmepersönlichkeiten (eben um Dichter) handelt, zu denen man als «Durchschnittsmensch» gar nicht in einen Vergleich eintreten könne, das machen die Schilderungen der Dozentin Ginsburg deutlich und ebenso das Verhalten der fünfundsiebzig anderen Frauen, die mit ihr im Transportwagen reisten. Sie alle hielten sich am «rettenden Geländer» Poesie fest.

Aus eigenen Erfahrungen

Tag für Tag hören wir von vielen Orten der Erde, an denen Kampfhandlungen Schrecken verbreiten. Wer alt ist, erinnert sich zuweilen des Zweiten Weltkrieges mit seinen immer drohenden und immer wiederkehrenden

Luftangriffen. Da gab es reichlich Situationen, wo die Menschen, die ihnen ausgesetzt waren, eines Schutzes bedurften, eines inneren Panzers, den sie selber sich aufbauen konnten, wenn in Augenblicken besonderer Gefährdung die kalte Angst zufassen wollte. Ich erfuhr: Wenn die Bedrohung durch den eisigen Zugriff gefühlt wurde, war es möglich, sich dem zu entziehen, sich wegzuwenden, indem aus dem Gedächtnisschatz eine Kostbarkeit heraufgeholt wurde: ein Gedicht. Das geschah ohne irgendwelches Überlegen. Oft stellte ein Mörike sich ein: «Hier lieg ich auf dem Frühlingshügel ...» oder «Im Nebel ruhet noch die Welt ...» oder «Gelassen stieg die Nacht ans Land ...». Auch Goethe-Verse konnten es sein: «Füllest wieder Busch und Tal/ still mit Nebelglanz ...»; Eichendorff: «Nacht ist wie ein stilles Meer ...» oder «Es war, als hätt der Himmel/ die Erde still geküsst ...»; Storm: «Das macht, es hat die Nachtigall/ die ganze Nacht gesungen ...» und so weiter, und so weiter. – Das eine Gedicht, das ich mir jeweils hereinholte, wurde zu einer Insel, auf der ich sicher saß, gleichsam fern und unangefochten von dem Geschehen um mich her, im geringen Licht eines Luftschutzkellers. Ich habe nie gefragt, ob es einem derer, die mit mir das Ganze erlebten, ähnlich oder gleich gegangen ist wie mir. Da hätte ja auch der Besitz oder das Nicht-vorhanden-Sein des «Schatzes» eine Rolle gespielt. Jeder versuchte, sich nach den eigenen Kräften zu halten.

Eine weitere Erfahrung: Während der letzten Kriegswochen studierte ich in München-Pasing, ich wohnte in Planegg. Tagsüber war vor allem die Gefährdung durch einzelne zielende Tiefflieger häufig, es kam aber auch zu größeren Angriffen in der Umgebung und – damit verbunden – zu Aufenthalten an irgendwelchen Orten, die man bei einsetzendem Alarm als die nächstliegenden aufsuchte. Für mich war das öfter eine Unterführung unter dem Bahnhofsgelände von Pasing, wenn ich nach den Vorlesungen heimfahren wollte, Richtung Planegg. Die späten Nachmittagsstunden ließen Lesen noch zu: Ich lernte so nach und nach die *Metamorphose der Pflanzen* auswendig: «Dich verwirret, Geliebte, die tausendfältige Mischung ...» Den Versen vertraute ich mehr als den Schienen und Bahnsteigen über meinem Kopf.

Gedicht oder Gebet?

Ein Einwand liegt nahe. Hätte nicht eine Bibelstelle, ein Gebet die gleiche Wirkung getan? Das mag für den einen oder anderen Menschen zutreffen, ich weiß es nicht. Für mich selbst aber kann ich mit Sicherheit verneinen. Es wird etwas völlig anderes eingeleitet, wenn man eine Bibelstelle oder ein Gebet in sein Bewusstsein rückt. Dabei spielt die Ausrichtung, auch der Inhalt eine Rolle. Die Sprache wird Mittel und Mittler, man wendet sich mit ihrer Hilfe einem hohen mächtigen Wesen zu und trägt ihm den Wunsch vor, es möge das Geschehen so wenden, dass man behütet bleibe in der Gefährdung, der Not, in der man sich befindet. Ein anderer Weg ist der, die Kräfte des eigenen Mensch-Seins zu stärken, sie anzusehen als von Gott verliehen, um mit diesem Pfunde zu wuchern. Das gewinnt in Zeiten, in denen man einer Bedrohung ausgesetzt ist, an Bedeutung, und die Größe, die dabei Hilfe leisten kann, ist die Sprache. Nicht als Mittel, sondern als die Macht, die sie darstellt, wenn man sie beim inneren Sprechen und Hören eines Gedichtes in sich anwesend sein lässt. Worte, Lautfolgen, Rhythmus, Versfüße, Melodik und Dynamik des Satzbaues, die Strophenformen, gereimt oder reimlos – kurz: Sprache, sie, die zu einem wesentlichen Teil unser Mensch-Sein ausweist, sie, in ihrer Höchstform, als Dichtung, stellt uns auf eine Ebene, wo wir kreatürlicher Angst und dem, was sonst uns erniedrigen will, enthoben sind. Es verschwindet. Mit wachem Bewusstsein und aufmerkendem Empfinden nähern wir uns einem Klingenden, Harmonisierenden, und indem wir ihm lauschen, können wir zu uns selber kommen. Im Maße, wie das gelingt, verwirklichen wir Freiheit, so, wie wir heute dazu fähig sind – und uns auch zu ihr aufgerufen wissen.

Bretonisch-poetisch

Bei der Frage, warum nicht Bibeltext oder Gebet anstelle von Lyrik, fällt mir Monsieur l'Abbé Le Floc'h ein. Im Juni 1984 suchten wir ihn zu dritt in Louannec auf, einem kleinen Ort an der Nordküste der Bretagne. Im Sprachwissenschaftlichen Institut in Bonn hatte man mir M. l'Abbé genannt und gerühmt als den derzeit besten Kenner des Bretonischen. Er habe sogar die Bibel ins Bretonische übersetzt. Der alte, von Gicht gebeugte geistliche Herr in seinem kalten feuchten Manoir gab bereitwillig Auskünfte und Hinweise. Als ich ihn auf seine gerühmte Bibelübersetzung hin ansprach, schmunzelte er und schränkte ein: «Aber nicht die ganze Bibel! Nur die poetischen Teile.» – «Welche sind das?» – «Die Psalmen und das Johannes-Evangelium.» Wie gut ich ihn verstand! Wenn M. l'Abbé sich der Mühe unterzog, die Sprache der Bibel in sein geliebtes Bretonisch zu übertragen, dann war ihm dafür nur deren Schönstes gut genug – die poetischen Teile. Der alte Herr wusste oder fühlte wohl, dass dort noch eine weitere, andere Kraft in den Text mit einbezogen war, auch wenn es darüber nicht überall voll zur Gedichtform kam, sondern nur zu einer «poetischen» Sprache.

Wie wird aus Wörtern ein Gedicht?

Nach all den Berichten ist es wohl Zeit, einige Betrachtungen anzustellen. Manchem Leser mögen aufgrund des bisher Dargestellten Zweifel daran gekommen sein, ob tatsächlich derart starke Wirkungen von Gedichten ausgehen: «Rettendes Geländer», «die einzige Möglichkeit, dem Druck der Existenz standzuhalten»; Überlebenshilfe in qualvoller Einzelhaft; mehr als siebzig Frauen auf der Fahrt in ein sibirisches Arbeitslager mit Puschkin'schen Alexandrinern, Versen, seelisch über Wasser zu halten; bei ringsum niedergehenden Spreng- und Brandbomben eine Gedicht-Insel schaffen zum Schutz gegen die Angst: Tatsachen genug, die bezeugen, dass Lyrik Hilfe sein kann, für viele Menschen eine stärkere als Bibeltexte und Gebete. Sie schafft eine gänzlich andere Situation (vgl. oben). Aber für diese besondere Qualität der Lyrik muss es einen Grund geben, und den gilt es zu suchen.

Gedichte bestehen aus Worten – mit demselben Material werden auch Zeitungsartikel gebaut. Allerdings kommen die ohne Verse und Reime aus. Indessen: Wie viele geschickt und flüssig gereimte Verse gibt es (bei Familienfeiern, Trauerfällen), die es nie zum Gedicht bringen!

Worte sind Bedeutungsträger – vielleicht liegt es darin. Möglicherweise gibt es Bedeutungen, die für lyrische Gedichte besonders geeignet sind. Ruft man sich allerdings Gedichtzeilen ins Gedächtnis, so wird schnell deutlich, dass der Wortbestand als solcher oft kaum Ungewöhnliches enthält: «damals», «am Abend», «der Wind», «um das Haus», «stark», «Schultern», «rütteln», «Laub», «Gras», «Seele» (Peter Huchel); «Frühling», «blaues Band», «Lüfte», «süß», «Düfte» (Mörike); «füllen», «still», «Busch und Tal» – dann allerdings ein neu geschaffenes dichterisches Wort «Nebelglanz» (Goethe). Doch Wort-Neuschöpfungen begegnet man auch in der Alltagssprache immer wieder, ohne dass sie dadurch poetisch würde: Börsenfieber, Trittbrettfahrer, Geisterfahrer, Aussteiger, Lauschangriff, Geldwäsche, Warteschleife – Wörter dieser Art wird man in lyrischen Gedichten nur selten finden, höchstens in ganz «heutigen», und die müssten dann schon sehr gut sein, um durch ihre Form den Wortbrocken zu verkraften, ihn aufzuwiegen und sich einzuverleiben.

Unsere bisherigen Untersuchungen zeigen: Weder Reim noch Vers noch die Bedeutungen der Worte lassen erkennen, dass sie die Ursache sein könnten für die Wirkungen, die von lyrischen Gedichten ausgehen. Es muss noch etwas anderes geben.

Ein Lyrik-Liebhaber machte den Versuch zu beschreiben, was er im Umgang mit Gedichten erfuhr. Dabei griff er selber zur lyrischen Form und wählte die Überschrift:

Trost der Worte

In ein paar Worte
bin ich eingetreten
freundlichen Umgang pflegen sie
und friedensvoll
binden sie sich
aneinander

Auch schließen sie mich ein
lösen die Furcht
bringen die leere Saite
zum Erklingen
wie eine Wohltat
wenn sie kommt
von guten Freunden.

(Das sind die beiden ersten Strophen.)

Auch hier hält sich jemand fest am «rettenden Geländer». Und er vermag auszusagen, worin das Wohltuende, das er erfährt, besteht: Die Verbindung ist es, die die Worte miteinander eingehen, der friedensvolle Umgang, in dem sie sich aneinander reihen; er schafft einen Raum, in den der Leser eintreten kann. (Reinhard Teske ist Autor des Beispiels, freundlicherweise gestattete er, daraus zu zitieren.)

Verfolgen wir diesen Weg weiter. Nehmen wir aus den oben angeführten Wortsammlungen die längste heraus, sie stammt aus einem Gedicht von Huchel: Haus, Abend, Wind, Schultern, Laub, Linde, Gras, Seele. *So* fügte der Dichter diese «paar Worte» zusammen, dass sie sich «friedensvoll aneinander binden»:

DAMALS

Damals ging noch am Abend der Wind
mit starken Schultern rüttelnd ums Haus.
Das Laub der Linde sprach mit dem Kind,
das Gras sandte seine Seele aus …[5]

Plötzlich sind statt der losen Worte Stimmungen da – und Bilder. Die wenigen Zeilen beschwören eine Welt von Kindheitserinnerungen herauf, die trotz des am Hause rüttelnden Windes Sicherheit und Geborgenheit ahnen lassen. Das Erinnerungsmoment wird ausgelöst einmal durch das vorweg stehende «damals», andererseits durch die nachfolgenden Vergangenheitsformen «ging», «sprach», «sandte aus». Die Windböen rüttelten als starke Schultern, das Laub der Linde sprach, die Seele des Grases war – «ausgesandt» – spürbar. Eine zu wachem Empfinden aufrufende Umgebung ist entstanden; in den noch folgenden (dreizehn) Zeilen des Gedichtes setzt sich das in gleicher Weise fort. Dazu bedarf es weder ungewöhnlicher Wörter noch solcher von besonderer Bedeutung. Allein durch ihre so gesetzte Folge bildet sich das Gedicht. Dass es von Melodik durchtönt ist, kann man zwar auch beim Lesen hören, weit deutlicher aber erfährt man es, wenn man die Verse spricht und sich sprechend von ihrem Klang führen lässt.

Wie verletzbar der gesamte Vorgang ist, in dem ein solches Gedicht entsteht, wie störend Wörter wirken können, die sich nicht einfügen wollen, möge ein Vergleich verdeutlichen. Das Gedicht stammt aus dem 13. Jahrhundert, Walther von der Vogelweide schrieb es – der Zeit entsprechend – in Mittelhochdeutsch:

Under der linde
an der Heide,
dâ unser zweie bette was,
Da mugt ihr vinden
schône beide
gebrochen bluomen unde gras,
Vor dem Walde in einem tal,
tandaradei,
schône sanc diu nahtegal.

Ich kam gegangen
zuo der ouwe:
dô was mîn friedel komen ê.
Dâ wart ich enpfangen,
hêre frouwe,
daz ich bin saelic iemer mê.
Kuste er mich? wol tusentstunt:
tandaradei,
seht wie rôt mir ist der munt.

Das sind von vier Strophen die ersten zwei.

Auch wenn man Mittelhochdeutsch nicht kennt, nicht weiß, wie dieses oder jenes «richtig» ausgesprochen wird, wenn bei einigen Wörtern die Bedeutung keine klaren Konturen annimmt, sondern wie in fließenden Nebeln schwankt – der Reiz der Dichtung bricht durch all das hindurch, die Verse und Zeilen singen sich wie von selbst. Und auch über den «Inhalt» kann wohl kein Zweifel bestehen. Liest man die zwei Strophen einige Male, sucht sie zu sprechen, so gut es eben gehen mag, dann folgen sie einem bald durch den Tag, man hört ihre Melodik.

In der von K. Otto Conrady herausgegebenen Anthologie *Das große deutsche Gedichtbuch* folgt dem mittelhochdeutschen Text die Übersetzung. Sie vermittelt für jedes Wort, das im Ungefähr-Verstandenen blieb, den genauen Bedeutungsumfang, er wird erschlossen und dargestellt aus bester Kenntnis der mittelalterlichen Sprache. (Der Übersetzer ist Peter Wapnewski.) So nimmt sich das aus:

Unter der Linde
auf der Heide,
wo unser beider Lager war,
da kann man sehn
liebevoll gebrochen
Blumen und Gras.
Vor dem Wald in einem Tal
tandaradei
sang schön die Nachtigall.

Ich kam gegangen
zu der Wiese,
da war mein Liebster schon vor mir
gekommen.
Da wurde ich empfangen
– Heilige Jungfrau –!
dass es mich immer glücklich machen
wird.
Ob er mich küßte? Wohl tausendmal.
tandaradei,
seht wie rot mein Mund ist.

Bringt die Übersetzung Neues über den Inhalt dieses Liebesliedes? Nein. Aber etwas anderes erlebt man deutlich: Die lyrische Weise ist verstummt, ein Text wurde daraus. Dabei scheinen die Änderungen im Einzelnen geringfügig zu sein, im Zusammenhang des Ganzen wirken sie beträchtlich.

Wen in der alten Sprache Halbverstandenes stört, der tut gut daran, die Übersetzung vollständig zu lesen, in einem zweiten Schritt sie Zeile für Zeile mit dem Alten zu vergleichen – und dann beim Original zu verbleiben. Am allerbesten wäre es freilich, wegen der Aussprache der mittelhochdeutschen Dichtung einen Kenner (Altgermanisten) zu befragen, bevor man alle vier Strophen dann auswendig lernt – und so sich eines der schönsten deutschen Liebeslieder zu Eigen macht.

Wahl und Verbund der Worte hatten wir in den Blick genommen und erkannt, wie groß ihr Anteil ist, wenn

Worte sich zum Gedicht zusammenschließen. Manchmal zeigt sich der Vorgang in einer einzigen Gedichtzeile. Doch dann muss ein Meister am Werk gewesen sein – einer wie Mörike: «Es träumt der Tag, nun sei die Nacht entflohn» (Aus: «An einem Wintermorgen vor Sonnenaufgang»). Könnte man diese Augenblicke, da der Tag sich aus der Dämmerung löst, kürzer, das Gleitende des Geschehens lebendiger fassend ausdrücken? Spricht man – am besten mit Blick auf einen winterlichen Morgenhimmel – die Zeile innerlich oder laut, so hört man ihre Musik. Darauf kommt es an. Goethe bezeichnet das einmal als den «Gesang». In neun launigen Zeilen bekennt er, dass ihm dichtend wenig daran liege, sich nach den Regeln der Verskunst zu richten, um ihretwillen etwa locker fallende Trochäen durch einen sperrigen Spondeus zu ersetzen:

> Allerlieblichste Trochäen
> Aus der Zeile zu vertreiben
> Und schwerfälligste Spondeen
> An die Stelle zu verleiben,
> Bis zuletzt ein Vers entsteht,
> Wird mich immerfort verdrießen.
> Laß die Reime lieblich fließen,
> Laß mich des Gesangs genießen
> Und des Blicks, der mich versteht.[6]

Das wurde in Weimar zwischen 1823 und 1828 geschrieben, vom «alten» Meister, der sich auskannte.

Wir haben einige Untersuchungen angestellt, um etwas zu erfahren über Grund oder Gründe für die erstaunlichen Wirkungen, die von Lyrik ausgehen. Einen schmalen Einblick konnten wir gewinnen, und der möge zunächst genügen; weitere Erfahrungen sollen angeführt werden.

Gedichte in Entwicklungsgeschichten

Die Russin Jewgenia Ginsburg hatte ihren Gedächtnisbesitz an Gedichten, der für sie zur Überlebenshilfe wurde, den «Schatz» genannt. Wissen Eltern, Lehrer, was an dieser Stelle zu veranlagen ist? Auf einen Vorgang im sowjetischen Schulbereich wies Joseph Brodsky 1979 hin, er lebte damals schon in New York: «... es gibt ein Petersburg, gebildet aus russischen Gedichten und russischer Prosa. Diese Prosa wird gelesen und wieder gelesen, diese Gedichte werden auswendig gelernt, und sei es nur, weil die Kinder in den sowjetischen Schulen sie auswendig büffeln müssen, wenn sie die Schule absolvieren wollen. Dieses Auswendiglernen ist es, was den heutigen Status der Stadt ebenso garantiert wie ihren Platz in der Zukunft – solange die russische Sprache lebt. Dieses Auswendiglernen macht sowjetische Schüler zu russischen Menschen.»[7] Man denkt an die Frauen auf dem Transport ins Arbeitslager, an das, was sie auswendig besaßen.

Sowjetische Schüler zu russischen Menschen – da handelt es sich nicht um einen geradlinig verlaufenden Entwicklungsprozess, sondern um ein Umwandlungsgeschehen, das in dieser Form gewiss nicht beabsichtigt war von denen, die das Auswendiglernen anordneten.

Die Macht «Sprache als Lyrik» griff ein. Was sie vermag, erweist sie Lehrern auch in anderen schulischen Zusammenhängen.

Zuweilen wird ja schon Kindern etwas vom «Druck der Existenz» aufgelastet, meistens in der Form eines besonderen So-Seins. Nicht in der Umwelt liegt dann der Grund für etwas, dessen sie sich erwehren müssen, sondern in dem «Gesetz, nach dem sie antreten», und es ist deshalb besonders ernst zu nehmen. Manchmal hängt es zusammen mit einem auf irgendeine Weise gestörten Verhältnis zur Sprache oder zur Schrift. Erlebnisse mit drei Kindern fallen mir in diesem Zusammenhang ein.

Da ist zunächst die kleine Lara, die bei guter Ausstattung mit Intelligenz nicht begreifen konnte, was die seltsamen Zeichen, Buchstaben genannt, zu tun haben sollten mit dem, was wir sagen, sprechen. Lara war eine der wenigen echten Legastheniker, die mir begegneten. Bald zeigte sich, dass sie im Bereich der Sprache eine Vorliebe hatte: Gedichte. Vom ersten Schultag an gab es ja im Rhythmischen Teil des Hauptunterrichtes der Waldorfschule gleich eingangs Gedichte genug, die über gemeinsamem Sprechen in den Gedächtnisbesitz der Kinder übergingen. Zweimal machte Lara einen Vorschlag, den Kanon zu erweitern. Von der verständnisvollen Mutter ließ sie sich aus einer großen Anthologie Gedichte vorlesen, und wenn eines ihr ausnehmend gut gefiel, fragte sie, ob es nicht in unseren Rhythmischen Teil eingefügt werden könnte. Einmal, im zweiten Schuljahr, handelte es sich dabei um Clemens Brentanos schönes «Hör es klagt die Flöte wieder ...». Zu den übrigen täglich mit Lara durchgeführten Legasthenikerübungen gab es für sie bald eine zusätzliche Hilfe. Man legte ihr ein Gedicht, das sie «par cœur» konnte, im Schriftbild vor und wies sie an, sprechend zugleich mit dem Finger Verszeile auf Verszeile zu verfolgen. Den Text mochte sie; die kurzen Zeilen erleichterten die Orientierung, überforderten nicht. Wie viel durch dieses Vorgehen im Laufe der Zeit gewonnen wurde für Laras Bereitschaft und Willen, sich in das Schriftbild einzusehen, war unverkennbar. Im Gedichtbuch lernte die Liebhaberin von Gedichten lesen.

Der stämmig gebaute kleine Kerl (ich nenne ihn hier Manni) musste mit der Bundesbahn von Remscheid her kommen, um die Wuppertaler Rudolf-Steiner-Schule zu besuchen – vom ersten Schultag an. An einer Kordel trug er um den Hals ein Pappschild, auf dem sein Name zu lesen war sowie seine Hausadresse und die der Schule. Manni konnte nämlich nicht sprechen. Zwar war er weder taub noch stumm, und er verfügte auch über eine kräftige Stimme. Doch als die Mutter ihn im sechsten Monat trug, war sie beim Fensterputzen (wohl in einem Hochparterre) hinunter in den Garten gefallen. Der Schreck hatte dem noch Ungeborenen buchstäblich die Sprache verschlagen. Der Siebenjährige mühte sich, seine Stimme äußern zu lassen, was er wünschte, wollte, meinte, aber das vollkommen unartikulierte Getön verstand nur die Mutter. – Unbekümmert und freudig mischte Manni von Anfang an seine Stimme ins gemeinsame Sprechen der Klasse ein; man hörte sie heraus, aber gestört hat das nie, das Abweichende glich sich zudem immer mehr an. Gelegentlich ließ ich Manni vor die Klasse kommen, stellte mich ihm gegenüber, und wir zwei allein sprachen eine Zeile oder ein paar davon oder eine Strophe. Das strahlende Gesicht des Jungen dabei war beeindruckend. Die Klassenkameraden nahmen Manni ganz selbstverständlich in ihre Pausenspiele auf, von Schwierigkeiten habe ich nie gehört. Manni wuchs voll in gut verständliches Sprechen hinein.

Die wenigen skizzenhaften Schilderungen, die hier gegeben werden, sind in keiner Weise «Fallberichte», wie ein Psychologe oder Logopäde sie aufzeichnen würde. Sie sollen und können das auch gar nicht sein. Ich habe über Bemühen und Gelingen nie «Tagebuch» geführt, nie aufgrund von Daten-Notizen Vergleiche angestellt. Was sich vollzog, wurde nicht mit dem Blick des Wissenschaftlers beobachtet, sondern gleichsam mit dem Blick des Gärtners, der nur fragt, wie es wächst und gedeiht.

Sehr überlegt und bedacht musste ich allerdings später die Sprachschwierigkeiten eines weiteren Erstklässlers aufgreifen. Sie lagen komplizierter, existierten neben einer großen Intelligenz, und die Möglichkeit war nicht auszuschließen, dass Patrick weder so naiv noch so fraglos vertrauend wie Manni in das Unternehmen einsteigen würde. Die Verständigung mit den Eltern (beide Philologen) gelang gut, sie verlief ohne Probleme.

Patrick artikulierte weder S noch L. Statt dieser Laute erklang für beide ein ziemlich weit im hinteren Mundraum gebildeter undifferenzierter Laut ohne Konturen.

Vor Beginn des Schuljahrs ging ich lange mit mir zu Rate. Das Ergebnis: Hier konnte nur einer helfen, die Sprache selber, und zwar in ihrer Höchstform, als Lyrik. Damals kannte ich das Wort von Brodsky noch nicht (es entstand erst viel später, 1987), wonach es «nur zu berechtigt» ist, die Sprache «als eine Art Lebewesen vorzustellen».[8] Unbekannt war mir auch eine andere Äußerung des russischen Dichters: «Dichtung» (Lyrik) sei «die höchste Leistung der gesamten Sprache».[9] Beide Einsichten lebten längst als unumstößliche – weil erfahrene – Überzeugungen in mir.

In meine Überlegungen «kein S, kein L» hinein klang das Gedicht von Brentano (um eine Strophe gekürzt): «Singet leise, leise, leise,/ Singt ein flüsternd Wiegenlied,/ Von dem Monde lernt die Weise,/ Der so still am Himmel zieht./ Singt ein Lied so süß gelinde,/ Wie die Quellen auf den Kieseln,/ Wie die Bienen um die Linde/ Summen, murmeln, flüstern, rieseln.» – Das ruhige, lösende Hingleiten des Ganzen wirkte einer weiteren Schwäche von Patrick entgegen: seiner leichten Neigung zum Stottern.

Im «therapeutischen Teil» des Rhythmischen Teils (neben den anderen Maßnahmen für andere Schüler) sprachen nun Morgen für Morgen er und ich zusammen das Gedicht. Er stand vor mir, schaute mich aufmerksam an, und so blieb es die ganze Zeit hindurch. Nicht als «Übung», scharf artikuliert, sprach ich das Gedicht, sondern mit vollem Einsatz und Bemühen so angemessen, wie es mir möglich war, um das zauberhaft zarte Gebilde hörbar zu machen. Willig ging Patrick mit. Noch während des ersten Schuljahres wechselte ich von Brentano hinüber zu Mörike: «Gelassen stieg die Nacht ans Land ...», unter anderem wegen des auffallenden Rhythmus-Wechsels in jeder der beiden Strophen dieses Gedichtes. – Am Ende des ersten Schuljahres *hatte* Patrick das L. Vom S war vorerst nur ein Anklang da, doch das kam mit der Zeit dann auch, voll und richtig angesetzt. Wann genau das tägliche Üben beendet werden konnte, weiß ich nicht mehr, sehr wohl aber ist mir mein Dankgefühl gegenüber der mächtigen Helferin Sprache, Lyrik erinnerlich.

Erkundungen im Bereich des Lyrischen

Eine Spirale als Weg

Wir betrachteten die Rolle, die den Worten und ihrem Zusammenschluss im Gedicht zukommt, ihrem «friedensvollen Sich-aneinander-Binden». Das beantwortet aber noch keineswegs voll die Hauptfrage, die gleich anfangs gestellt wurde bei der Ankündigung, dass dieses Buch sich bemühen möchte um ein Erkennen des «eigentlich Lyrischen», seines Kernes. Welcher Art ist die Kraft, die darin liegt und deren Wirken sich so vielfach zeigt, wie kommt sie in das Gedicht? Es wäre vermessen anzunehmen, man brauchte nur entschlossen auf das Problem zuzugehen, um eine befriedigende Antwort zu finden. Das gelänge ebenso wenig, wie es möglich wäre, etwa das Charisma eines Menschen zu erklären oder es objektiv zu begründen. Man kann sein Wirken wahrnehmen, es von mehreren Seiten anschauen, betrachten, beschreiben und auf diese Weise zu größerer Vertrautheit mit dem Phänomen kommen. Ein solches Vorgehen leitet gleichsam eine Bewegung ein, eine Spirale im Felde von Empfindung und wacher Beobachtung. Auf Wegen, die kreisförmig, aber nicht abgeschlossen sind, nähert man sich dabei dem Zielpunkte an und nimmt bei jeder einzelnen Drehung im suchenden Blick auf das Ziel zu alle nur möglichen «Standpunkte» ein – ohne auf einem von ihnen zu verweilen oder gar zu beharren. Ob man das Ziel je erreichen kann, das hängt von seiner Beschaffenheit ab, aber das Phänomen wird auf jeden Fall vertrauter. Man könnte einwenden, das sei ein zu ungenaues, heutigen wissenschaftlichen Ansprüchen nicht genügendes Vorgehen. Dem Dichter und Naturwissenschaftler Goethe stünde es allerdings nicht so fern, er forderte:

«... man müsste keine der menschlichen Kräfte bei wissenschaftlicher Tätigkeit ausschließen. Die Abgründe der Ahndung, ein sicheres Anschauen der Gegenwart, mathematische Tiefe, physische Genauigkeit, Höhe der Vernunft, Schärfe des Verstandes, bewegliche, sehnsuchtsvolle Phantasie, liebevolle Freude am Sinnlichen, nichts kann entbehrt werden ...»[10]

Einige der Kräfte mögen dem wissenschaftlich Arbeitenden vertraut sein, andere aber wird er nur mit Kopfschütteln lesen. Goethe gesteht ein, dass «auch die vorzüglichsten Geister nicht hoffen dürften, die geforderten Elemente zu vereinigen», dennoch lägen sie «offenbar da ... und können jeden Augenblick hervortreten, wenn sie nicht durch Vorurteile, durch Eigensinn einiger Besitzender und wie sonst alle die verkennenden, zurückschreckenden und tötenden Verneinungen heißen mögen, in dem Augenblick, wo sie allein wirksam sein können, zurückgedrängt werden und die Erscheinung im Entstehen vernichten».[11]

Wir wollen uns solcher «tötenden Verneinungen»

nicht schuldig machen, vielmehr bemüht sein, so viel, als für unsere Untersuchungen notwendig ist, neben Genauigkeit, Vernunft, Verstandesschärfe auch die «Abgründe der Ahndung», «bewegliche, sehnsuchtsvolle Phantasie» und «liebevolle Freude am Sinnlichen» nicht zu scheuen. Dass uns im Grunde auch gar nichts anderes übrig bleibt, wird sich im Weiteren erweisen.

Selbstverständlich könnten auch Poetik und Interpretationskunst Sinnvolles erbringen, aber anderes als das, was hier gemeint ist. So wurde es ja gleich zu Anfang gesagt.

In einem seiner Essays nahm der Dichter und Schriftsteller Günter Kunert einen Standpunkt ein, der zunächst vielleicht seltsam erscheinen mag, doch sei er gewählt als erster Betrachtungsort auf unserem Spiralenweg.

«Gedicht und Schlaf sind, wenn schon nicht ein und dasselbe, so doch vom gleichen Stamm. Sie bergen Geheimnis, trotz aller Aufklärung und Analyse, ja, sogar entgegen dieser wissenschaftlichen Durchdringung werden sie eher noch rätselhafter durch solche Behandlung, weil die Offenlegung beunruhigtes, unbefriedigtes Fragen nach einem transzendentalen Bestandteil erst hervorruft. Ein ‹Trotzdem› und ein ‹Das kann nicht alles sein› folgt dem Blick auf das anatomische Präparat, dem das Leben ausgegangen ist.»[12]

Die eigene Empfindung stimmt der Einsicht Kunerts gerne zu, stellt weiterhin vielleicht fest, dass an das Geschehen, das sich im Schlaf vollzieht, ebenso schwer heranzukommen sei wie an den (vermuteten) transzendentalen Bestandteil der Größe «Gedicht». Die Aufgabe wäre, diesen Bestandteil ins Bewusstsein zu holen. Vorhanden muss er ja sein, denn sein Wirken ist nicht wegzuleugnen.

Allgemein darf gesagt werden, dass als erster und bester Wegweiser zur Annäherung an ein Verständnis dessen, was den Kernpunkt des Lyrischen ausmacht, die Aufforderung gelten kann: Gedichte lesen, lesen, lesen – und auswendig sprechen! Die Eignung dieses Rates ist unabhängig davon, wie weit oder fern man sich vom Spiralenmittelpunkt noch befinden mag. Lesend und sprechend sollte man aber nicht rätseln und nicht fragen nach Sinn oder Absicht des Gedichtes. Gab es eine Absicht des Dichters, so ist sie in dem Kunstgebilde drin, in dessen Klang und Rhythmus, mit denen es die Worte singen macht. «Lass mich des Gesangs genießen …»

Bei Übungen dieser Art wird sich bald erweisen, dass differenziertes Empfinden, neue Fähigkeiten sich bilden und entwickeln. Welcher Art sie sein können, das sei durch ein Beispiel veranschaulicht, bei dem es gar nicht einmal um Lyrik ging.

Die Situation: Nach einer Woche pädagogischer Tagung in Trubschachen im Emmental, alljährlich veranstaltet von der Freien Pädagogischen Vereinigung Bern, gab es zum Abschluss das übliche Beisammensein. Es umfasste etwa achtzig Teilnehmer, unter ihnen die Honoratioren des Dorfes. Man saß im Saal eines der großen alten Gasthäuser an gedeckten Tischen. Entspannte Stimmung herrschte. Keiner von denen, die an der Tagung mitgewirkt hatten, dachte noch an Vortrags- und Seminararbeit. Plötzlich sehe ich mich einer Herausforderung gegenüber. Ich hatte während der Tagung Möglichkeiten dargestellt, in die Sprache als lautende, als Klang hineinzuhorchen, zum Beispiel an ein allen Seminarteilnehmern unbekanntes norddeutsches Dialektwort die Frage zu stellen: Was für ein Ding könnte es mit seinen Lauten bezeichnen, was würde dazu passen?

Ein Schweizer Kollege schrieb nun ein altes berndeutsches Wort groß an die Tafel, von dem er sagte, dass es im Dorf noch gekannt würde: «Gäscher». Ob ich heraushören könne, was es meine? Nach kurzem Überlegen entschloss ich mich, die Herausforderung anzunehmen, weil sich's um Dialekt handelte, in dem Wörter noch nicht so abstrakt sind, noch näher an der Lautempfindung stehen. Ein hilfsbereiter Kollege flüsterte mir zu: «Es gibt den Käscher!» Aber mir war sofort klar: Damit hatte das berndeutsche «Gäscher» nichts zu tun.

Wegen des Vorgangs, der in diesem Augenblick einsetzte, erwähne ich das Ganze. – Eine Woche lang hatte ich um mich herum Berndeutsch gehört, hatte es aufmerksam verfolgt, gerade auch dann, wenn mir von dem, was die Trubschachener untereinander sprachen, kein einziges Wort verständlich war. Der Klang hatte mich interessiert, ihn hatte ich ebenso wie die Laute und die Sprachmelodie aufgenommen. Jetzt versuchte ich, mich daran zu erinnern, wieder da hineinzuversenken. In der Eile, mit der ich handeln musste, kam es mir vor, als müsste ich mich hineinfallen lassen. Als es mir schließlich genügend gegenwärtig zu sein schien, wandte ich mich mit dem Empfundenen dem Wort «Gäscher» zu – horchte nur, fragte nicht bewusst – und konnte nach kurzem beschreiben: Ich sehe einen einfachen, aus Reisig zusammengebundenen Besen und höre ihn über das Straßenpflaster geschwungen: Gäscher! Gäscher! Mein Prüfer war überrascht: Einzig das Format stimme nicht, aber der Gäscher sei tatsächlich ein aus Reisig zusammengebundener Besen, etwa 20 bis 30 cm lang, wie ihn die Käser im Emmental handhaben, um die großen Kessel zu reinigen. Nicht über eine Straße kann man ihn fegen hören, wohl aber durchs Kesselrund.

Was vor sich gegangen war, lässt sich beschreiben. Der Sprach-, der Klangraum eines berndeutschen Dialektes, der eine Woche lang als lebendiges breites Strömen und Sprudeln die Empfindung, das Hörerlebnis umgeben hatte, war mit einer Frage betreten worden: Gäscher? Im Horchen auf die Antwort vertraute der Fragende der Annahme, dass die alte Dialektsprache einer so kraftvollen Landschaft die Sprechenden noch in einem engen Verhältnis zu dem menschlichen Ur-Anliegen hielte: Wahrgenommenes, Empfundenes, Erlebtes durch ein Lautgebilde, ein Wort «angemessen» zu bezeichnen. Das Vertrauen hatte sich als berechtigt erwiesen, sonst hätte die Lösung der gestellten Aufgabe nicht so genau ausfallen können. Besonders wichtig war dabei, dass keine bewusste Überlegung, kein einziger Gedanke in den Vorgang hineingespielt hatte. Inneres Horchen und gesammeltes Empfinden des Gehörten wurden als einzige Aktivitäten eingesetzt. Der Zugang zur wortbildenden Kraft in der Eigenart einer Dialektsprache wurde ertastet, um die Bedeutung eines unbekannten Wortes zu erfahren. Dazu bedurfte es der unmittelbaren Begegnung zwischen den Seelenkräften einer menschlichen Individualität (der meinen) und Geist und Seele der Sprache. Das klingt groß, beschreibt im Grunde aber lediglich die Art und Weise, wie auch Lyrik aufzunehmen ist.

Die Ratio beurlauben

Wer ein Leben lang Lyrik geliebt hat und deshalb viele Gedichte auswendig weiß, dem ist es selbstverständlich, dass er die Ratio beurlauben muss, wenn er lyrische Dichtung ungeteilt aufnehmen will. Handelt es sich um ein gutes Gedicht, so tritt es erst dann für die Empfindung ganz in Erscheinung. Bei Pseudo-Gedichten, die sich als lyrische ausgeben, gelingt das nicht, sie wollen «bedacht» werden. Letzteres gilt natürlich zu Recht für gereimte Versgebilde wie Sinnsprüche, Sinngedichte, Gedankenlyrik, Lehrgedichte und Balladen. Sie alle zählen nicht zur *reinen* Lyrik.

Es gibt eine Fülle von kenntnisreichen, verständigen und schönen Umschreibungen dessen, was das Besondere, was den Kern der Lyrik ausmacht. Jede von ihnen vermittelt eine neue Sicht, erlaubt einen anderen Blick auf das Objekt, und am Ende stimmen sie alle zusammen. Einige Proben davon sollen hier angeführt werden, sie können näher an das uns in erster Linie beschäftigende Rätsel heranführen. Begonnen werde mit Wilhelm von Humboldt, dem Freund von Goethe und Schiller. Als er untersuchte, wie es zur Bildung des spezifischen Charakters bei den Sprachen einzelner Nationen oder Sprachgemeinschaften kommt, gelangte er zu der Einsicht, dass «... mit dem grammatischen Baue und mit der äußerlichen Structur der Sprache überhaupt» ihr Wesen «bei weitem nicht erschöpft» sei: «Ihr eigentlicher und wahrer Charakter beruht auf etwas viel Feinerem, tiefer Verborgenen und der Zergliederung weniger Zugänglichen.» Es blieben zwar Grammatik und Structur «die nothwendige, sichernde Grundlage, in welcher das Feinere, Edlere Wurzel fassen kann». Das aber wohne «wie eine Seele in ihr», mache «das individuelle Leben der Sprache aus». Dem äußeren Baue sei es zwar nicht fremd, doch man müsse aufmerksam machen darauf, «dass jenes Reich der Formen nicht das einzige Gebiet ist, das der Sprachforscher zu bearbeiten hat». Er dürfe wenigstens nicht verkennen, «dass es noch etwas Höheres und Ursprünglicheres in der Sprache giebt, von dem er, wo das Erkennen nicht mehr ausreicht, doch das Ahnden in sich tragen muss».[13]

Das liegt nahe bei Goethe und seiner Forderung, in «wissenschaftlicher Tätigkeit» keine der menschlichen Fähigkeiten auszuschließen: «Die Abgründe der Ahndung …». Man darf hoffen, Brücken über die Abgründe zu finden, Humboldt deutet Möglichkeiten an:

«Wenn in der Seele wahrhaft das Gefühl erwacht, dass die Sprache nicht bloß ein Austauschmittel zu gegenseitigem Verständnis, sondern eine wahre Welt ist, welche der Geist zwischen sich und die Gegenstände durch die innere Kraft seiner Gedanken setzen muss, so ist sie auf dem wahren Wege, immer mehr in ihr zu finden und in sie zu legen.»[14]

Im Zusammenhang damit schreibt Humboldt, dass «das Gemüth in innerlicher Einheit tätig» sein, «die volle Subjectivität einer vollendeten Objectivität [nämlich der Sprache, E. D.] entgegenstrahlen» müsse.[15] Ist damit nicht auf den Bereich hingedeutet, den vor allem der Dichter aufsuchen muss, um für das, was er ausdrücken möchte, in der Sprache «mehr zu finden», immer mehr auch «in sie zu legen»?

Kein Zweifel: Das Feinere, Höhere, Edlere, Ursprünglichere, der Zergliederung weniger Zugängliche gehört innerhalb der Sprache dorthin, wo allein Dichtung entstehen kann; dies *ist* der Quellgrund für reine Lyrik. Wilhelm von Humboldt kannte sich auch da aus. Zwar war er kein Dichter, aber etwa drei Jahre vor seinem Tode erhob er eine Übung zur täglichen, nie unterlassenen Gewohnheit. Er beschloss das Tagewerk allabendlich, indem er seinem Sekretär ein Sonett diktierte: fließend gesprochen, ohne je eine Änderung vorzunehmen. Das Sonett hatte er sich tagsüber «einfallen» lassen, und nur sein Sekretär erfuhr davon. Fast zwölfhundert Sonette sind entstanden, bessere und schwächere. Es bleibt zu bewundern, wie der in das Wunder Sprache in hohem Grade Eingeweihte bis zuletzt in ihr sich zu halten suchte. Aber für ihn war Sprache eben nicht nur Erzeugnis, nicht Werk (Ergon), sondern immerwährende Tätigkeit (Energeia), wo auch jenes Höhere, Feinere lebte.

Im Werk von Clemens Brentano kann man einem bestimmten Zweizeiler häufig begegnen, der etwas wie den Extrakt lyrischen Dichtens in hoher Potenz darstellt. Einmal bildet er den Kehrreim eines längeren Strophengedichtes, das beginnt: «Ich darf wohl von den Sternen singen,/ Mich hat die Blume angeblickt …» und jede der sieben Strophen schließt: «O Stern und Blume, Geist und Kleid,/ Lieb, Leid und Zeit und Ewigkeit.» In weiteren Gedichten findet man die Verse ebenfalls, in dem großen Märchen «Gockel, Hinkel und Gackeleia» treten sie mit leitmotivischem Charakter auf. Viele Interpreten hat der Zweizeiler auf den Plan gerufen. Emil Staiger und Walter Urbanek interpretieren nicht, aber was sie zu den beiden Zeilen sagen, leuchtet unmittelbar ein.

Staiger: «Brentanos berühmter Kehrreim scheint wie Wasser des Lebens zu sein, das sich der Dichter durch die Hand rinnen lässt: Es bleibt nichts Ganzes, Umrissenes, nur diese flüchtigen, aber ahnungsvollen Worte kehren immer wieder als Ertrag eines lyrischen Daseins.»[16]

Urbanek meint: «Niemand vermutlich, der für den Zauber des dichterischen Wortes ein Ohr besitzt, wird sich dem Tiefsinnig-Geheimnisvollen, dem Zauberspruchhaften, entziehen können, obgleich es noch niemand enträtselt hat. Das *Mediale*, das in dieser Sprache wirkt, hat den Sinn des Gesprochenen ins Undeutbare zurückgedrängt und damit einen neuen Sinn geschaffen, der offenbar irrationale Zusammenhänge herzustellen vermag, von denen selbst der Dichter vorher noch nichts ‹wusste›.»[17]

Das Letztere klingt recht geheimnisvoll. Zumindest könnte es doch wohl nur gelten für derartige Zauberspruchgebilde. Man vergegenwärtige sich demgegenüber Goethe-Gedichte, die selbst wo sie rein lyrisch sind, durch ihre klare Schönheit begeistern, auch wenn man gar nicht weiter darüber nachdenkt. Was meint der Dichter selber dazu?

Am Ursprung: Goethe berichtet

Boisserée, dessen Tagebuchnotizen der Goethe-Forscher Ernst Beutler für besonders zuverlässig hielt, hat Goethe erzählt, wie er die «rechten» Gedichte «machte»:

«8. August 1815: Confession, dass ihm die Gedichte auf einmal und ganz in den Sinn kämen, wenn sie recht wären; dann müsse er sie aber gleich aufschreiben, sonst fände er sie nie wieder; darum hüte er sich, auf den Spaziergängen etwas auszudenken. Es sei ein Unglück, wenn er es nicht ganz im Gedächtnis behalte; sobald er sich besinnen müsse, würde es nicht wieder gut. Auch ändere er selten etwas.»[18]

An anderer Stelle «bekennt» Goethe:

«Ich war dazu gelangt, das mir innewohnende dichterische Talent ganz als Natur zu betrachten … Die Ausübung dieser Dichtergabe konnte zwar durch Veranlassung erregt und bestimmt werden; aber am freudigsten und reichlichsten trat sie unwillkürlich, ja wider Willen hervor … Auch beim nächtlichen Erwachen trat derselbe Fall ein.»[19]

Vom Nachtbereich war bei Günter Kunert schon die Rede gewesen: «Gedicht und Schlaf» (siehe oben). Goethe berichtet, er habe erwogen, sich ein ledernes Wams machen zu lassen, und sich zu gewöhnen, «im Finstern, durchs Gefühl, das was unvermutet hervorbrach, zu fixieren. Ich war so gewohnt, mir ein Liedchen vorzusagen, ohne es wieder zusammen finden zu können, dass ich einigemal an den Pult rannte und mir nicht die Zeit nahm, einen quer liegenden Bogen zurecht zu rücken, sondern das Gedicht von Anfang bis zu Ende, ohne mich von der Stelle zu rühren, in der Diagonale herunterschrieb.» – Dabei habe er lieber nach dem Bleistift gegriffen: «denn es war mir einigemal begegnet, dass das Schnarren und Spritzen der Feder mich aus meinem nachtwandlerischen Dichten aufweckte, mich zerstreute und ein kleines Produkt in der Geburt erstickte».[20]

Das Bild vom nachtwandlerischen Dichten, aus dem etwas geboren werden wollte, wird noch weitergeführt. Goethe gesteht, dass er «für solche Poesien eine besondere Ehrfurcht» gehabt habe: «weil ich mich doch ohngefähr gegen dieselben verhielt, wie die Henne gegen die Küchlein, die sie um sich her piepsen sieht».[21] Unmissverständlicher konnte das Zeugnis kaum ausfallen: Gedichte, «Lieder» als Schlaf- und Traumgeschenke an das Genie – das im arbeitsreichen Tagewerk Verwaltungsaufgaben, naturwissenschaftliche Studien auszuführen, juristische Fragen zu lösen hatte und alledem verantwortungsvoll nachkam. Das «dichterische Talent» suchte ihn aus dem Schlaf- und Nachtbereich auf, «wider Willen»; von Geburt ist die Rede, von kleinen lebendigen Produkten, die er plötzlich um sich herum sah. Manches sang Goethe zunächst vor sich hin, zuweilen «auf bekannte Melodien». Der Faden der Melodie mag Hilfe gewesen sein, um das Eingefallene leichter zu behalten bis zum Niederschreiben. «Besinnen» durfte er sich nicht, sonst «würde es nicht wieder gut». – Eines geht aus den Zeugnissen hervor: Was der Lyriker Goethe schuf, das «überlegte» er nicht, fügte es nicht bewusst, von allem Nachdenken war er weit entfernt. Mit manchem sonst, was er dichtete, verhielt sich das anders, selbst wenn es reim- und versgebundene Sprache betraf. Für eine kleine Gruppe davon findet man wieder ein Selbstzeugnis;

Eckermann berichtet, dass am 14. März 1830 das Thema «Balladen» im Gespräch aufgetaucht sei.

«Ich verdanke sie größtenteils Schillern», sagte Goethe, «der mich dazu trieb, weil er immer etwas Neues für seine Horen brauchte. Ich hatte sie alle schon seit vielen Jahren im Kopf, sie beschäftigten meinen Geist als anmutige Bilder, als schöne Träume, die kamen und gingen und womit die Phantasie mich spielend beglückte. Ich entschloss mich ungern dazu, diesen mir seit so lange befreundeten glänzenden Erscheinungen ein Lebewohl zu sagen, indem ich ihnen durch das ungenügend dürftige Wort einen Körper verlieh. Als sie auf dem Papier standen, betrachtete ich sie mit einem Gemisch von Wehmut; es war mir, als sollte ich mich auf immer von einem geliebten Freund trennen.»[22]

Diese Beschreibung ruft ein anderes Bild hervor als das von der Henne, die plötzlich lebendige Küchlein um sich sieht. Lebendig waren die «anmutigen Bilder», die «schönen Träume». Aber dann kam es zum Bearbeiten der Gebilde, so wie ein Bildhauer eine in künstlerischen Träumen geschaute Gestalt in Marmor zu bannen sucht. Vieles wäre an dieser Stelle zu betrachten und zu erwägen, abkürzend sei gesagt: Sicher ist, dass Goethes Bekenntnis zur Herkunft seiner im engeren Sinne lyrischen Geschöpfe genau den Kraftquell ahnen lässt, aus dem das unmittelbar Belebende, Erquickende hervorgeht, dem das offene Empfinden des Lesers – und nur dieses, nicht sein Denken – beglückt begegnen kann. So weit der Dichter für seine Balladen, für die anderen großen Versdichtungen, darunter zum Beispiel die beiden *Metamorphosen*, etwas aus diesem Ur-Kraftquell schöpfen und ihnen neben dem mitzuteilenden Inhalt einverleiben konnte, in eben dem Maße lassen sie neben allem Denkbaren das lebendig Erquickende erleben, besonders dann, wenn die Gedichte als klingende Verse fortlaufend gehört werden, am besten während man sie laut, zumindest aber innerlich spricht.

Wir nähern uns der Möglichkeit, eine Antwort zu finden auf die zentrale eingangs gestellte Frage. Vorher aber seien noch zwei Zeugnisse für die Besonderheit und für das Wirken des Lyrischen angeführt.

Gedichte erweisen ihre Kraft – Buchenwald und Auschwitz

Die Berichte stammen von Menschen, deren Glaubwürdigkeit nicht angezweifelt werden kann: Jacques Lusseyran und Ruth Klüger. Beide lernten das Gefangen-Sein in Konzentrationslagern kennen. Lusseyran verschlug es nach Buchenwald, Ruth Klüger, die Wiener Jüdin, geboren 1931, kam als Elfjährige nach Theresienstadt und von dort weiter in die Lager Auschwitz-Birkenau und Christianstadt. Die Aussagen beider Menschen zum Thema Lyrik, Gedichte, sind aufschlussreich – vor allem, weil sie in einem Punkt einander widersprechen.

Jacques Lusseyran, geboren 1924 in Paris, erblindete mit acht Jahren. Während der deutschen Besatzung wirkte der Achtzehnjährige in der Résistance. Das trug ihm Gefangenschaft in Buchenwald ein. Von dieser Zeit berichtet Lusseyran später rückblickend, als er, nach einem Studium an der Sorbonne, Universitätsprofessor für französische Literatur in den USA geworden war. Ein ganzes Kapitel in dem Buch *Das Leben beginnt heute* widmet der Autor der Rolle, die Poesie in der Härte und in den Schrecken des Lageraufenthaltes spielte; nicht nur für ihn. Seine Erfahrung: Wahre Poesie ist nicht allein Literatur, sie ist viel mehr. Um das zwei Mitgefangenen nicht erklären zu müssen, sondern vorzuführen, fing Lusseyran an, «auf gut Glück Verse zu rezitieren», die ihm gerade einfielen: Baudelaire und Rimbaud. Da überraschte ihn etwas Seltsames:

«... nach und nach hatte sich meiner Stimme eine andere Stimme beigefügt. Ich wusste nicht, woher sie kam ... Die Verse wurden im Hintergrund nachgesprochen. Hinter mir hatte sich eine zaghafte Stimme erhoben. Auch vor mir ... Ich war von ihnen umgeben ... Menschen ... hatten sich angesammelt und einen Kreis gebildet. Sie sprachen die Worte im Echo nach. Am Ende jeder Strophe, bei jeder Pause, ließen sie die letzten Silben nachklingen. – ‹Lass sie, rezitiere weiter›, flüsterte mir der Schauspieler zu, ‹hier geschieht etwas Außerordentliches.›»[23]

Die Mit- und Nachsprechenden, «vielleicht fünfzig», waren keine Franzosen: Deutsche, Ungarn, Polen versuchten, in den Versstrom der ihnen unbekannten Sprache einzusteigen und sich darin zu halten. Mit der Zeit wurde es so, dass die Menschen sich auf einen, den sie Verse rezitieren hörten, «stürzten wie auf eine Nahrung». Ein ungarischer Journalist «konnte nach einem Monat die letzte Strophe von Baudelaires ‹La mort des amants› fehlerlos wiederholen, all die Wörter aneinanderreihen, die für ihn nicht den geringsten Sinn ergaben.» – «Poesie – das war nicht Literatur. Ich machte die Erfahrung, dass die Poesie eine Handlung ist, eine

Beschwörung ... eine Medizin ...». – Über Seiten erzählt Lusseyran von seinen Erlebnissen. Umso mehr verwundert es, wie er an einer Stelle über Dichter spricht, deren Werke in das Lagerunglück nicht «aufgenommen» werden konnten: Lamartine «jammerte über sich selbst»; Vigny «komplizierte das Leben»; «Musset erreichte uns trotz seines Egoismus ..., weil er sich meisterhaft auf die Verskunst verstand.»[24] Nach allem, was wir bisher von Lusseyran erfuhren, müssen wir annehmen, er sei mit solchen Feststellungen seinen eigenen Ansichten untreu geworden. Er wusste doch, dass die meisten derer, die sich, wo immer es möglich war, von der Poesie bezaubern ließen, allein Wörter hörten, die für sie «nicht den geringsten Sinn ergaben». Da konnten Inhalte ja gar keine Rolle spielen. Es scheint, dass die junge Jüdin Ruth Klüger – elf- bis vierzehnjährig Lagerinsassin – in dieser Sache klarer sah.

«Viele KZ-Insassen haben Trost in den Versen gefunden, die sie auswendig wussten. Man fragt sich, worin denn das Tröstliche an so einem Aufsagen eigentlich besteht. Meistens werden Gedichte von religiösem oder weltanschaulichem Inhalt erwähnt oder solche, die einen besonderen emotionalen Stellenwert in der Kindheit der Gefangenen hatten. Mir scheint es indessen, dass der Inhalt der Verse erst in zweiter Linie von Bedeutung war und dass uns in erster Linie die Form selbst, die gebundene Sprache eine Stütze gab ... Dem Inhalt nach war nicht viel in den Schiller'schen Balladen, das mich den Durst bei den endlosen Appellen in Auschwitz hätte vergessen lassen.»[25]

Anschließend werden Verse aus «Ritter Toggenburg» angeführt, jener Ballade, in der es um eine unglückliche Geschwisterliebe geht. Ein Kreuzzug soll vergessen lassen, bis das Ganze schließlich mit einer Nonne und einem Mönch endet. Wahrlich: nicht viel! Von Stoff und Inhalt her eher etwas seltsam. Und dennoch bildeten die Schiller-Balladen Ruth Klügers «Appellgedichte»:

«... mit denen konnte ich stundenlang in der Sonne stehen und nicht umfallen, weil es immer eine nächste Zeile zum Aufsagen gab, und wenn einem eine Zeile nicht einfiel, so konnte man darüber nachgrübeln, bevor man an die eigene Schwäche dachte. Dann war der Appell womöglich vorbei.»[26]

Die vielen Gedichte gehörten zum Gedächtnisschatz des jungen Mädchens, weil eine gütige Fügung sie in Wien, als der Jüdin die Benutzung von Bibliotheken verboten war, an den Klassiker- und Romantikerbestand der väterlichen Bücherschränke heranführte, wo sie las, las und begeistert auswendig lernte. – Erfreulich klärende Beobachtungen stellte Ruth Klüger an, als sie – dreizehnjährig – zwei Gedichte selber schrieb: Gedichte über Auschwitz. Rückblickend meint die Professorin für Germanistik in Kalifornien dazu:

«Ein paar Randbemerkungen verdienen sie, trotz und wegen ihrer Unbeholfenheit ... man muss die Schlauheit durchschauen, die es mir eingab, das Trauma der Auschwitzer Wochen in ein Versmaß zu stülpen. Es sind Kindergedichte, die in ihrer Regelmäßigkeit sich ein Gegengewicht zum Chaos stiften wollten, ein poetischer und therapeutischer Versuch, diesem sinnlosen und destruktiven Zirkus, in dem wir untergingen, ein sprachliches Ganzes, Gereimtes entgegenzuhalten; also eigentlich das älteste ästhetische Anliegen. Darum mussten sie auch mehrere Strophen haben, zum Zeichen der Beherrschung, der Fähigkeit zu gliedern und zu objektivieren.»[27]

Nach kurzer Weiterführung ihrer Gedanken rechnet Ruth Klüger mit etwas ab:

«So gut reden habe ich wie die anderen, Adorno vorweg, ich meine die Experten in Sachen Ethik, Literatur und Wirklichkeit, die fordern, man möge über, von und nach Auschwitz keine Gedichte mehr schreiben. Die Forderung muss von solchen stammen, die die gebundene Sprache entbehren können, weil sie diese nie gebraucht, verwendet haben, um sich seelisch über Wasser zu halten.»[28]

Was seelisch über Wasser hält, ist also die gebundene Sprache, nicht der Inhalt, den sie vermittelt. Das erlebte Ruth Klüger später noch einmal in aller Deutlichkeit. Beim Roden und Schienenlegen, zu dem die Gefangenen in Christianstadt herangezogen wurden, gab es öfter Kontakte mit deutschen Zivilisten. Ruths Mutter konnte für die Tochter ein altes, halb zerrissenes Schulbuch bekommen. «Das Geschenk übertraf alle Erwartungen ... Ich hatte einen vertrauten Zugang zur Welt wiedergefunden.»[29] Die Lesende trifft auf den ihr noch unbekannten «Osterspaziergang». Gefangen, in winterlicher Kälte qualvoll frierend, findet sie «dieses Gedicht. ‹Vom Eise befreit sind Strom und Bäche.› Man muss Atem holen, um diese ersten Zeilen zu sagen: ich holte Atem. Eine Stimme, die mich direkt ansprach. Wind eines großen Aufbruchs ... War doch was anderes, als Schillers Ritter Toggenburg und ‹Der Kampf mit dem Drachen›.»[30]

Wieso was anderes? Ruth Klüger berichtet, sie habe diesen Text praktisch sofort auswendig gekonnt wegen Zeilen wie «Im Tale gründet Hoffnungsglück». Der junge Mensch, der mit Gedichten lebte – überlebte –, erfuhr unmittelbar, dass die Goethe-Verse einen größeren Anteil an stärkender Poesie mit sich führten als die Schiller'schen Balladen, einfach weil sie lyrischer waren, von Frühlingsstimmung ganz durchtränkt. Freilich müsste man versuchen, das zu erklären. Auch die Aussage «lyrischer» wäre zu begründen, ebenso nachzuspüren dem, was ein «größerer Anteil an Poesie» bedeuten kann. Im Weiteren sei es versucht.

Drei Betrachtungen

Der Quellgrund

Der Literaturwissenschaftler Emil Staiger ist besonders nahe herangekommen an das Geheimnisvolle der Lyrik, seine Charakterisierungen lassen das immer wieder erkennen. Ein bildhafter Vergleich, den er wiederholt einsetzt, ist besonders aufschlussreich; im Zusammenhang unserer Untersuchungen lohnt es, ihn zu bedenken. Er kann für uns wegweisend sein, vor allem wenn das, was Staiger nur leicht berührt, weiter ausgeführt wird.

Das Lyrische nennt er den «letzten erreichbaren Grund alles Dichterischen, das ‹sunder warumbe› (ohne warum)», «die Fülle der Tiefe», aus der etwas «entspringt».[31]

Die genannten Bilder waren Staiger offenbar wichtig, er griff sie auch an anderer Stelle auf: «Sofern aber alle echte Dichtung in die Tiefe des Lyrischen hinabreicht und die Feuchte dieses Ursprungs an ihr glänzt …»[32] Besonders deutlich wird der Lyrikbetrachter Staiger im Anschauen von Brentanos «berühmtem Kehrreim», er scheint ihm «wie Wasser des Lebens …, das sich der Dichter durch die Hand rinnen lässt».[33]

Fasst man Staigers Bilder zusammen, so tauchen im eigenen erinnernden Blick alle Quellgründe auf, an denen man je gestanden hat. Aus der grünen oder felsigen Feuchte quillt es hervor, der ganze Grund, der Hang ist wasserbelebt, unhörbar quellend oder leise sprudelnd. Mit solch einem Quellgrund gibt die Natur eines ihrer schönsten, deutlichsten Bilder für das, was *Leben* ist. In und mit ihren Quellen antwortet die Erde auf das, was kosmische Kräfte ihr in Vorgängen der Verdunstung, Wolkenbildung, Wind, Regen und Schnee rund um ihren planetarischen Körper zukommen lassen. «Regen ist Gnade, Regen ist zur Erde niedersteigender Himmel, ohne Regen gäbe es kein Leben.»[34] Wer je mit der hohlen Hand aus Quellen geschöpft hat, kennt die belebende Kraft, die von dem Geschöpften ausgehen kann.

Nun stellen wir uns vor, was weiter wird: Das im Quellgrund gesammelte Wasser bildet ein Rinnsal, das zunächst noch alle Merkmale des Ursprungs an sich trägt. Das mag für eine Weile auch für das Bächlein noch zutreffen. Der Bach nimmt dann bereits «Zusätzliches» bis «Fremdes» auf, womit die Umgebung an ihm teilhat. Man kann an Smetanas «Moldau» denken, an alles, was sie spiegelt und erinnert – vom ländlichen Fest bis zur Geschichte Prags und des Hradschin. Bunt, schön, eindrucksvoll mag sein, was ein Fluss, ein Strom erlebt, der Frische beherbergt und nährt, an Anglern vorüberfließt, Kähne und Schiffe trägt. Nur: Trinken kann der Mensch dieses Wasser nicht mehr. Den Charakter eines reinen unberührten Lebens-Bildes und damit die Fähigkeit, in diesem Sinne zu erquicken, zu erfrischen, zu stärken hat das Gewässer verloren. Dafür vermag es zu erzählen, Mühl- und Schleifräder zu drehen, Städte und Lande zu verbinden. Schwimmen kann man in Fluss und Strom; da geschieht vieles, aber …

Das Entscheidende des Vorgangs hat auch Goethe gesehen, er fasst es in ein kurzes Gespräch zwischen einem A und einem B und nennt es «Ursprüngliches».

«A. Was widert dir der Trank so schal?/ B: Ich trinke gern aus dem Frischen Quall./ A: Daraus kam aber das Bächlein her!/ B: Der Unterschied ist bedeutend sehr:/ 's wird immer mehr fremden Schmack gewinnen;/ Es mag nur immer weiter rinnen.»[35] Frisch entsprungener Quell, Bach und Flüsse dürfen als zutreffende Bilder gelten für den Unterschied zum Beispiel zwischen rein lyrischem Gedicht und Ballade; zudem lässt sich damit erklären, was unter «lyrischer» verstanden werden kann: Quellwasser – *mehr* oder *nur* das.

Und noch etwas. Mit den eben angestellten Überlegungen bewegen wir uns auf unserem Spiralenweg bereits in Runden, die allmählich auf den Mittelpunkt zulaufen. Ist der – allem Rätselhaften zum Trotz – doch zu erreichen? Jedenfalls führen auch die folgenden Überlegungen auf noch engere Bahnen der Spirale.

Blicken wir an dieser Stelle zurück auf das Stück Weg, das wir bisher gingen. Mehrere Stationen haben wir erreicht, gestreift und weitergehend wieder verlassen.

Unter den Aussagen und Betrachtungen gab es solche, die das Staunen in besonderem Maße erregen konnten. – Da war zunächst die enge Verwandtschaft zwischen Gedicht und Schlaf, die Günter Kunert hervorhob: «vom gleichen Stamm». Kunert spricht vom Geheimnis, das beide bergen, und davon, dass alle Aufklärung und Analyse es uns nur noch rätselhafter erscheinen lässt. – Zum ersten Mal wurde da in unseren Überlegungen der Bereich von Schlaf und Nacht als zum lyrischen Gedicht gehörig angesprochen. Nicht ganz so deutlich stellte er sich dar in den Aussagen Wilhelm von Humboldts, er liegt aber zweifellos darin, wenn von dem Höheren, Feineren, tiefer Verborgenen die Rede ist, nur dem «Ahnden» noch zugänglich, dem Erkennen nicht erreichbar. An Bewusstseinshelligkeit kommt dem Ahnen höchstens ein ähnlich schwacher Schimmer zu, wie er über dem Traume liegt.

Anlässlich des Brentano'schen Zweizeilers, des «Zauberspruches», sahen die Betrachter (Staiger und Urbanek) dann vollends Geheimnisvolles, Undeutbares, sodass dem Leser der Wunsch nach einer glaubwürdigen Dichter-Aussage kommt. Wir fragten Goethe.

Dessen Aussagen übertreffen nun alles, was über die Zusammengehörigkeit von Gedicht, Schlaf, Nacht und

Bewusstseinsferne vorgestellt werden kann. Das «Bekenntnis» des Dichters wirkt ebenso überraschend wie einleuchtend, es ist nicht aus Überlegungen erwachsen, sondern besteht aus einfachen Berichten von Geschehnissen. Wer sich im Erleben von reiner Lyrik ein wenig auskennt, ahnt, wovon der Dichter spricht, wenn Goethe erklärt, es sei ein Unglück, sich besinnen zu müssen, sobald das «einfallende» Gedicht dem Gedächtnis entglitte. Er erwog daher, das «nachtwandlerische Dichten im Finstern durchs Gefühl» zu «fixieren». – Erst der Leser, der in diesen nächtlichen Raum empfindend einzudringen sucht, begegnet wirklich dem Gedicht, das dort entstand. – Wenn Goethe den ganz anderen Schaffensvorgang erwähnt, der ihn zu seinen Balladen führte, können wir von hier aus Ruth Klügers Aussagen (siehe oben) noch einmal besser verstehen, auch das Bild vom Quell, vom Wasser des Lebens.

Leben

Mit diesem Thema setzen wir an zum entscheidenden Schritt.

Wer auf Bergwanderungen die Stellen kennt, an denen ein wasserreicher munterer Bach allein über wenige – und nicht immer günstig liegende – Steine zu überqueren ist, der weiß, welcher Art unser nächster Schritt sein wird. Neben Entschlossenheit und Geschicklichkeit fordert er auch Vertrauen in der Gewissheit: Das andere Ufer ist da.

Unsere Wegrichtung wurde bestimmt durch die immer drängender sich stellende Frage: Was ist das für eine Kraft, die in der Lyrik steckt; wie kommt sie in das Gedicht; was lässt sie da jederzeit bereit sein, sich uns neu mitzuteilen?

Zunächst ist es notwendig auszumachen, welches Element dem Nachtbereich ebenso innewohnt wie dem Quellgrund. Goethe macht uns das Erkennen leicht, wenn er von einem «kleinen Produkt» spricht, das im «nachtwandlerischen Dichten» zur «Geburt» kommen will und darüber vom «Schnarren und Spritzen» einer Feder «erstickt» werden könne. Noch greifbarer erscheint das, worum es sich handelt, wenn der Dichter die «besondere Ehrfurcht» erwähnt, die er für «solche Poesien» (aus dem Nachtbereich) gehabt habe, denen gegenüber er sich fühlte «wie eine Henne», wenn sie «die Küchlein ... um sich her piepsen sieht». – Lebensvorgänge werden beschrieben, unverkennbar. Gefasst werden sie an dem Punkte, wo Leben sich besonders stark manifestiert: bei der Geburt.

Nehmen wir Goethes Zeugnis ernst, so begreifen wir: Leben – nicht bildlich gesprochen, sondern *wirklich* – geht in die Dichtung ein. Wir spüren *Lebenskraft.* Eben jene Kraft, die wir zum Beispiel auch nach einem guten Schlaf in uns gestärkt fühlen. Es fällt möglicherweise nicht ganz leicht, das einzusehen und als Wahrheit anzunehmen. Vielleicht fehlt das Vertrauen zu diesem Sprung, denn wenn wir auch meinen, Leben zu kennen, so wissen wir letzten Endes doch kaum wirklich, was es ist, und noch weniger ist uns einsehbar, wie es entsteht. Zugeben wird ein jeder, dass Leben *als Kraft* nicht wahrnehmbar ist. Wir erfahren sie nur in ihren Wirkungen. In aller sich entwickelnden Natur zeigt Leben sich als anwesend. Die Natur in der Vielfalt ihrer Erscheinungsformen bildet das Feld. Das aber ist ein völlig anderes als das der Lyrik – oder scheint es zumindest zu sein.

Weiter oben wurde gesagt, die Erde antworte in ihren Quellen auf das, was kosmische Kräfte ihr zukommen lassen, darum seien die Quellen ein gültiges Bild für «Leben». Das Quellenbild ist deshalb so zutreffend, weil es auf die unerlässliche Grundbedingung hinweist, unter der allein Leben sich bilden kann. Oben und Unten müssen zusammengehen, Goethe bezeichnet dieses Verhältnis – halb versteckt, wie er Derartiges gern auszudrücken pflegte – so: «Die Natur wirkt nach Gesetzen, die sie sich in Eintracht mit dem Schöpfer vorschrieb …»[36] «Eintracht» zwischen Natur und Schöpfer! Wo Himmel und Erde, Gott und Natur in Eintracht miteinander wirken, kann Leben werden, Entwicklung stattfinden. Gestaltetes bildet sich in dem natürlichen Anteil von Pflanzen-, Tier- und Menschenwelt. Bei den Pflanzen zeigt es sich am unmittelbarsten. Rudolf Steiner führt aus:

«Man sieht, wie die außerirdische Welt aus den Weiten des Raumes die Kräfte hereinsendet, welche das

Lebendige aus dem Schoße des Lebenslosen hervorholen ... In der unscheinbarsten Pflanze wird man die Wesenheit des außerirdischen Lichtes gewahr, wie im Auge den leuchtenden Gegenstand, der vor diesem steht.»[37] – Man denke an keimende Pflänzchen unter der Frühlingssonne, gerne mag man sie ansehen als Augen, die das Himmelslicht spiegeln. Wie aber sollte all das mit dem Entstehen von Gedichten zusammenzubringen sein? Die Aussage von Goethe wurde oben nur halb angeführt, ganz heißt sie: «Die Natur wirkt nach Gesetzen, die sie sich in Eintracht mit dem Schöpfer vorschrieb, die Kunst nach Regeln, über die sie sich mit dem Genie einverstanden hat.»[38] Kunst und Genie – bei dieser Zweiheit will sich das Bild von einem Oben, das in ein Unten hinunterwirkt, nicht so selbstverständlich ergeben – trotz der Parallelstellung, in der Goethe spricht. – Das ändert sich aber augenblicklich, wenn man bedenkt, dass *Schöpfer* wie *Genie* beide *Geist* sind. Damit lässt sich begreifen: Wo Geistiges die Richtung auf Materielles zu nimmt mit der Absicht, Gestaltetes werden zu lassen, da ruft diese Bewegung Leben hervor. Wie weit das durch diesen Prozess Entstehende das Leben aufnehmen und bewahren kann, ist – entsprechend den unendlich vielen Möglichkeiten in Natur und Kunst – verschieden. Für den von uns hier betrachteten Zusammenhang kommt die besondere Verbindung in Betracht, die ein Dichter-Ich (Genie) zur Lyrik-Sprache (Kunst) herstellen kann. Über welche Regeln sich die beiden in diesem Fall einverstanden haben, können wir jetzt sagen: In ihrer Erscheinungsform als Lyriksprache verlangt die Kunst, um atmen zu können, den Schutz der Nacht, die Nahrung und Stärkung aus dem Schlaf. «Nacht» kann hier nicht nur die Stunden zwischen Abend und Morgen bedeuten, sondern auch den Zustand des halb bis kaum Bewussten, der ein Boden für den schöpferischen Einfall ist. Was aus ihm erwächst, wird des Schlafes Zeichen tragen, das Gedicht wird mit ihm gleichen Stammes sein. – Man vergleiche dazu auch Christine Lavant (S. 115 f.), Reiner Kunze (S. 122) und Else Lasker-Schüler (S. 123 ff.).

Damit in Verbindung steht die zweite Regel: Von dem geheimnisvollen Geschehen der Vereinigung des Dichter-Ichs mit der Sprache, von der Stimmung dieses wundervollen Eintauchens darf der Gestaltungsvorgang sich nicht entfernen. Dann wird er zum Quell, aus dem Wasser des Lebens fließt, das in den Worten und Versen bleibt: unverloren.

Wem es schwer fällt, diese Gedanken als gültig zu erfahren, der möge prüfen, ob mit ihrer Hilfe nicht erklärbar wird, was sonst nur schwer oder gar nicht einzusehen wäre. Hier ist ein Schlüssel, der öffnet.

Hungrig nach Leben

Entsprechend den mannigfachen Erscheinungsweisen von «Leben» gibt es verschiedene Arten von Lebenshunger und Lebensdurst. Eine davon offenbaren alle Kinder der Welt gleichermaßen, wir brauchen nur hinzuschauen und hinzuhören. Eigentlich hatte dieses Thema hier ausgeklammert werden sollen – schlechten Gewissens. Doch als es einmal angedacht war, zeigte sich schnell, welche Bedeutung ihm zukommt. Es geht um Kinderlyrik.

Selbst die Kleinsten zeigen im zartesten Alter bereits, wonach sie verlangen. Neben der Milch und dem Brei ist es bald etwas anderes noch: Sie erwarten, dass wir zu ihnen sprechen. Wer dem nachkommt, so, wie er meint, dass es die Kleinen erreichen könne, der lernt wahrzunehmen, dass die Hörenden zuweilen sichtlich aufmerken: bei Wiederholungen, sprachlautlich markanten Wörtern – und bei rhythmisch daherkommenden Versen und Reimen. Weit entfernt noch liegt jeglicher Sinn, den der Verstand aufnehmen könnte, aber *Sprache* erscheint, unter den vielen der Erde, die eine, die Mutter und Vater sprechen. Und wenn sie reimend *klingt*, wird sie zur seelischen Nahrung, wirkt bis in des Kindes Lebens- und Wachstumskräfte hinein. Hätte es nicht zu allen Zeiten Menschen gegeben, die mit Liebe, Einfühlungsvermögen und Weisheit diesen wunderbaren Vorgang wahrnahmen und ihn gleichzeitig als Aufforderung verstanden, der sie bald mit Freude und Fantasie zu entsprechen suchten – wie wollte man sich dann den unerschöpflichen Reichtum an Kinderreimen, -gedichten, -liedern erklären, den die deutsche, französische, englische, russische und wohl noch viele (oder alle?) Sprachen aufzuweisen haben? Und wo ihnen von diesem Schatz mitgeteilt wurde, haben zu allen Zeiten dann auch die Kinder mitgewirkt, ihn zu vergrößern. Sie hielten das Bestehende lebendig und fügten Neues hinzu. Uralt ist der Bestand und zugleich ungebrochen wachstumsfähig bis heute.

Wer sich den Sammlungen von Kinderlyrik zuwendet – bloß um noch mal einen Blick darauf zu tun –, gerät ganz schnell in die Gefahr hängen zu bleiben. Man blättert und liest, fühlt sich immer wohler, wird immer vergnügter dabei und mag gar nicht aufhören. Wunderbar leichte, frische Kost ist das. Davon nun einige Proben.

Zuerst aus *Des Knaben Wunderhorn*, dem Werk, das Achim von Arnim und Clemens Brentano im Jahre 1806 herausgaben, hier zitiert nach einer Ausgabe von 1891:

Wie oft Gott zu danken sey?

Wie viel Sand in dem Meer,
Wie viel Sterne oben her,
Wie viel Tiere in der Welt,
Wie viel Heller unterm Geld,
In den Adern wie viel Blut,
In dem Feuer wie viel Gluth,
Wie viel Blätter in den Wäldern,
Wie viel Gräßlein in den Feldern,
In den Hecken wie viel Dörner,
Auf dem Acker wie viel Körner,
Auf den Wiesen wie viel Klee,
Wie viel Stäublein in der Höh,
In den Flüssen wie viel Fischlein,
In dem Meere wie viel Müschlein,
Wie viel Tropfen in der See,
Wie viel Flocken in dem Schnee,
So viel Lebendig weit und breit,
So oft und viel sey Gott Dank in Ewigkeit.
Amen.

Ein weiteres Beispiel:

Abendgebet

Abends, wenn ich schlafen geh,
Vierzehn Englein bei mir stehn,
Zwey zu meiner Rechten,
Zwey zu meiner Linken,

Zwey zu meinen Häupten,
Zwey zu meinen Füßen,
Zwey, die mich decken,
Zwey, die mich wecken,
Zwey, die mich weisen
In das himmlische Paradeischen.

Allermeist geht es weit weniger feierlich zu, und auch Herd und Kochtopf spielen eine Rolle:

Weinsüppchen

Anne Margrittchen!
Was willst du mein Liebchen?
Ich trinke so gerne
Gezückerten Wein.

Zwey Pfund Zuckerchen,
Ein Pfund Butterchen,
Zwey Maaße Wein,
So muß es gut seyn.

Schütt es in ein Kesselchen,
Rühr es mit dem Löffelchen,
Anne Margrittchen,
Welch Süpplein ist das?
Eine Weinsupp! eine Weinsupp!

Schaukelte ein Kind einem Erwachsenen auf den Knien, so hielt der dessen Hände und sang dazu.

Linsenlied

Die Linse,
Wo sin se?
Im Dippe,
Se hippe.
Deck se zu,
So han se Ruh.

Formen wie Motive sind schwankend und bunt, an den angeführten Beispielen lassen sich aber schon wichtige Züge ablesen. Beim ersten Gedicht laufen die Verse sicher und glatt im Rhythmus ab, man wird sprechend davon eingenommen. Von Meer und Sternen geht es zu ruhiger Betrachtung vieler Dinge der Erdenwelt, bis die letzte Zeile sich ausweitet: Sie zieht gleichsam die Summe und wird darin bekräftigt durch das Amen. Bemerkenswert ist der Einsatz von Wiederholungen: «Wie viel …», «In den …», «Auf dem (den) …». Der Schluss fügt sich dem mit «So viel …» an.

Auch das zweite Gedicht ist stark als Aneinanderreihung mit Wiederholungen gebaut, daneben gibt es deutlichen Anfang und ebenso deutliches Ende. So konsequent und reichlich wie in Kindergedichten findet man die Wiederholung in Kunstgedichten nur selten. Auch der im Wesentlichen glatte Durchfluss durch die Versrhythmen (-füße) wird offensichtlich geschätzt. Dass Wiederholung und gleichmäßiger Sprachfluss schon von Kindern im frühesten Alter bemerkt werden, kann jeder feststellen, der den Versuch macht. *So* wird Sprache – die man ja erst lernen will – gewünscht, so wird sie als etwas empfunden, in das man gerne einsteigen mag.

Ein anderes Moment tritt in der zweiten Strophe von «Weinsüppchen» auf. Die klingt nicht genauso glatt durch wie die erste, beim Aufzählen der Zutaten beginnen die Zeilen mit zwei aufeinanderfolgenden gewichtigen Silben, in den zwei ersten Versen der Schlussstrophe ist es ähnlich. Besonders fröhlich klingt dann der doppelte triumphierende Ausruf, der das Ganze beschließt.

In Kinderreimen, die ja oft zum Abzählen dienen vor einem Spiel oder Tanz, finden sich aber auch noch ganz andere Elemente. Das Linsenlied wies sie schon ein wenig auf, doch längst nicht so üppig wie die zwei folgenden Schweizer Versgebilde:

Ennerli sennerli sigerli sa,
ribedi rabedi knoll.

Dieser Abzählreim scheint von internationaler Bedeutung zu sein, es gibt ihn in rheinisch-kölnischer Variante:

Öldi söldi sibdi sab,
ribedi rabedi knoll.

Und nun wieder schweizerisch:

Äne däne diadee,
diadee si Salome,
Salome di gattriga,
gattri gattri gums.

Uneingeschränkt kann man Sprachlaute genießen, wenn sie sich so ganz ohne Sinn und Verstand zusammen gesellen. Aber Gedichtform muss sein! – Da ist es dann zu Nonsensversen nicht weit:

Herr von Hagen,
darf ich's wagen,
Sie zu fragen,
wie viel Kragen
Sie getragen,
als Sie lagen
krank am Magen
im Spital zu Kopenhagen?

In die rechte Winterlaune kann man sich versetzen – auch wenn man längst über das Kindesalter hinaus ist – mit den aus dem Schweizerdeutschen übersetzten Versen:

Es schneielet, es beielet,
es weht ein kalter Wind,
die Mädchen ziehen Handschuh an,
die Jungen laufen geschwind.

Es schneielet, es beielet,
so schneidend pfeift der Wind.
Es frier'n die kahlen Haselsträuch'
und alle armen Kind.

Es schneielet, es beielet,
es saust und braust der Wind.
Da fliegen weiße Vögelein
aufs Mützchen jedem Kind.

Es schneielet, es beielet,
es weht ein scharfer Wind.
Der Fuhrmann zieht sich Handschuh an,
die wärmsten, die er find't.

Es schneielet, es beielet,
wie eiskalt weht der Wind!
Hast du ein Stückchen Brot bei dir,
den Vögeln streu's geschwind!

Es schneielet, es beielet,
es weht ein kalter Wind.
Sacht deckt der Schnee die Erde zu,
ganz weich und leis und lind.

Es schneielet, es beielet,
die Flocken wirbeln dicht.
Komm, lass uns einen Schneemann bau'n!
Du machst ihm das Gesicht.[39]

Auch hochdeutsch «Es schneit, es schneit ...» würde sich gut anhören, doch wird man durch das laut- und rhythmusgeschmückte «Es schneielet, es beielet» mit einer anderen, feineren Nuance eingestimmt auf das, was sich zwischen Wolken und Erde tut. Und was in Bausch und Bogen unter «Volksgut» läuft, greift wieder zu dem bewährten Mittel der Wiederholung – jeweils leicht abgewandelt. Nach der unverändert wiederkehrenden ersten Strophenzeile geht es weiter: «es weht ein kalter Wind», «so schneidend pfeift der Wind», «es saust und braust der Wind», «es weht ein scharfer Wind», «wie eiskalt weht der Wind!», «es weht ein kalter Wind». Davon hebt sich dann die letzte Strophe besonders deutlich ab: «die Flocken wirbeln dicht». In der schweizerischen Originalfassung lautet übrigens die zweite Zeile durchgehend: «es got en chüele Wind», und zuletzt, auf das Schneien bezogen, heißt es: «und s git no immer mehr!». (Die Übersetzung ins Deutsche stammt von einem Schweizer, beide Fassungen stehen einander im Buch gegenüber.)

Zuweilen beschert ein gutes Geschick Dichter, die Neues schaffen, das so altgewohnt anmutet, dass es sich über kurz oder lang – ohne viel Aufsehens davon zu machen – unter «Volksgut» einreiht. Das folgende Beispiel könnte bald dazu gehören, vorläufig wird es noch mit dem Namen des Autors gedruckt:

Lied, sich selber vorzusingen

Es geht ein Lamm
nach Rotterdam,
nach Rotterdam
ans Meer.
«Was willst du, Lamm,
in Rotterdam,
in Rotterdam
am Meer?»

«Zu sehen halt,
zu sehen halt,
zu sehen, wie's
da wär,
marschiere ich,
ich junges Lamm,
nach Rotterdam
ans Meer.»

«Doch bist du, Lamm,
in Rotterdam,
– das Herz, es wird
mir schwer –,
dann fahr doch nicht,
ich bitte dich,
hinaus aufs hohe
Meer.

In Rotterdam,
mein liebes Lamm,
in Rotterdam
am Meer,
dort schau dir nur
den Hafen an,
und dann komm
wieder her!»

Josef Guggenmos[40]

Zwei Besonderheiten sollen nicht unerwähnt bleiben.

Vor etwa zweihundert Jahren dichtete Ernst Moritz Arndt «Das Lügenmärchen». Acht fröhlich klingende Strophen hindurch reiht es eine faustdicke Lüge an die andere, häuft obendrein noch prahlende Angebereien. Drei Strophen als Probe:

Ich will euch erzählen und will auch nicht lügen:
Ich sah zwei gebratene Ochsen fliegen,
Sie flogen gar ferne –
Sie hatten den Rücken gen Himmel gekehrt,
Die Füße wohl gegen die Sterne.

Ein Amboss und ein Mühlenstein
Die schwammen bei Köln wohl über den Rhein,
Sie schwammen gar leise –
Ein Frosch verschlang sie alle beid'
Zu Pfingsten wohl auf dem Eise.
…

So will ich hiemit mein Liedlein beschließen,
Und sollt's auch die werte Gesellschaft verdrießen,
Will trinken und nicht mehr lügen:
Bei mir zu Land sind die Mücken so groß,
Als hier die größesten Ziegen.[41]

Bald gab es das Lügenmärchen zum Singen, sein regelmäßiger Bau bot das an. Zum Schluss jeder Strophe wurde «heidideldumdei, heidideldumdei» eingeschoben, bevor die letzte Zeile wiederholt wurde. Manche Kinder sangen das Lied laut und vergnügt mit, konnten es lückenlos auswendig – und hatten die Lügen in dem Ganzen überhaupt noch nicht als solche bemerkt! Die sind ihnen erst sehr viel später aufgegangen, denn man musste sie ja *verstehen.* Bei einem so lustig klingenden Lied schien das völlig unnötig. «Heidideldumdei,/ Die Füße wohl gegen die Sterne».

Als Letztes nun ein Phänomen, das bedrückend wirken kann, aber auch Tröstliches in sich schließt. Zudem bestätigt es manches, was wir in unseren bisherigen Berichten und Betrachtungen erfuhren:

1991 erschien Helmut Fischers umfangreiche Studie *Kinderreime im Ruhrgebiet.*[42] Der Autor – Hochschullehrer an der Universität Essen, Germanist, Literatur- und Sprachdidaktiker – hat sorgfältige Untersuchungen zu der Frage durchgeführt, was heutigen Kindern Verse bedeuten und welche sie kennen. Was er in seinem Buch darlegt, konnte man zum Teil hoffen und erwarten. Von «vorangegangenen Sammlungen und

Darstellungen» ist die Rede, und Fischer stellt fest: «Sie beweisen die ungebrochene Kraft des kindlichen Umgangs mit den herkömmlichen poetischen Mitteln, das Beharren auf den traditionellen Regeln, die erfinderische Freude am Neuen und Zuständlichen und die Neugier, die Umwelt auf durchaus eigene Weise zu deuten.» Der Hunger nach dem Leben in lyrischer Sprache behauptet sich also, und die ihn empfinden, verlangen nach Nahrung. Die im Buch dargebotenen Beobachtungen beruhen «auf einer möglichst großen Zahl von Beispielen», gewonnen «in einem systematischen Feldforschungsunternehmen». Mit Mikrofon wurden Grundschüler von 6 bis 10 Jahren befragt. «Bei 579 Kindern wurden insgesamt 1897 Texte erhoben ... Die Kinder äußerten sich mit Freude und Offenheit.»

Uns kann hier das Folgende besonders interessieren: Deutlich wird in allen Texten ein Grundstock erkennbar von Reimen, Gedichten, Liedern, die selbst sehr alten Lesern von eigener Schulzeit her noch bekannt sein dürften. Dieser Bestand ist keineswegs gering. Daneben aber dokumentiert sich das Bemühen der Kinder, mit der Umwelt, wie sie sich ihnen darbietet oder aufdrängt, fertig zu werden, sie in Vers und Reim und Lied zu verarbeiten. Und bei einigem Nachdenken verwundert es auch nicht, dass man da Dingen und Vorgängen begegnet, die man im Vorstellungsbereich von Kindern lieber nicht sähe. Das Fernsehen bietet sie freigebig an, und mancher Lehrer erfährt zudem, dass es im Umkreis von Kindern Erwachsene gibt, die sich ein Vergnügen daraus machen, den Kleinen «Deftiges» zu verpassen und durch Andeutungen Neugier in ihnen zu wecken. Wenn damit zusammenhängende Wörter dann von anderen Erwachsenen für «unschicklich» erklärt und «verboten» werden, wächst das Interesse. Der Autor des erwähnten Buches meint: «Die Unflätigkeiten haben aufs ganze gesehen allerdings nicht das Gewicht, das ihnen vielfach unterstellt wird.» An anderer Stelle berichtet er: «Die Kinder schienen froh zu sein, endlich einmal ihre heimliche Literatur im Klassenraum und im Beisein von Lehrern handhaben zu dürfen.»

Es ist hier nicht der Ort, einzutreten in die vielfältigen Auseinandersetzungen und Überlegungen, die vonseiten der Entwicklungspsychologie, der Pädagogik und Zweigen der Literaturwissenschaft angestellt werden zu den Kapiteln Kindersprache, -literatur, -lyrik. Eines aber ist nicht zu übersehen: Auch und gerade die heutigen Kinder brauchen es, dass man sie einführt in den Bereich, in dem sie die besondere Kraft der lyrischen Sprache erleben können. Kinderreime und Kindergedichte öffnen ein Tor.[43] Sie veranlagen Vertrautheit mit Kräften, die im Wesentlichen dieselben sind, denen die Heranwachsenden dann bei den großen Dichtern begegnen, durch deren Lyriksprache sie sich «wappnen» können und kräftigen in ihrem Mensch-Sein. Sie bereiten den Zugang zu jenem nie versagenden Quell von Lebenskräften, dessen Wirksamkeit Jewgenia Ginsburg, Ruth Klüger, Jacques Lusseyran an sich und anderen erfahren haben.

Wie können wir die Kraft der Lyrik erfahren?

Anders als das Kind, das ganz fraglos in das eigentlich Lyrische eintaucht, wie es ihm in Reimen und Gedichten entgegenklingt, muss der Erwachsenen einiges beachten, wenn er die Begegnung sucht.

Als Erstes prüfe der Leser, ob das Gedicht ihn «anspricht», ihn in bestimmter Weise anmutet, ob er es «klingen» hört, rhythmisch, melodisch. So eröffnen sich Zugänge. Das Fragen nach gedanklichem Inhalt, nach Gehalt und Bedeutung unterbleibe. Der Leser würde damit Scheuklappen anlegen beim Zugehen auf das vielfarbige Gebilde «lyrisches Gedicht». Man schritte gleichsam in bestimmter Richtung einer Linie nach, und das weite Feld rechts und links bliebe unbeachtet, würde nicht wahrgenommen. Der Blick dafür kann aber geöffnet werden. Zunächst – wie schon angedeutet – durch einen Verzicht, indem man nicht nach der Stelle sucht, wo der Verstand sich festhalten könnte. Die Dichter weisen solches Ansinnen entschieden zurück. Jean Cocteau spricht vom Kunstwerk, «das … der Vermählung des Bewusstseins mit dem Unbewussten entsprungen ist» und dessen Schrift Geheimnis sei, sogar für den Künstler selbst. Dann folgt die Warnung: «Der Dämon des Begreifenwollens. Das ist gewiss die Ursünde im Paradies der Kunst.»[44] Paul Celan nennt die Möglichkeit, dem Dämon zu entkommen 1961 erhielt der Dichter in Paris den Besuch eines Verehrers, der ihn um die Interpretation eines Gedichtes bat. Die bekam er nicht: «Celan antwortete mir sanft und melodisch: ‹Lesen Sie! Immerzu nur lesen, das Verständnis kommt von selbst.›»[45]

Was für ein Verständnis kann das sein, das sich herbeilesen und -sprechen lässt? Es «kommt von selbst». Eine kurze Überlegung bringt zum Bewusstsein: Mathematik fordert ein anderes Verständnis als Naturwissenschaft, Geschichte ein anderes als Philosophie und so weiter, und so weiter … Spielarten von Verständnis. Ein spezifisches für Lyrik also?

Mit großer Kennerschaft umkreist Emil Staiger dieses Phänomen: «… ein Nichts von Motiv (kann) in lyrischer Sprache den Wert eines Kunstwerks ersten Ranges gewinnen.» «Es ist nicht so, dass in ‹Wanderers Nachtlied› hier die Abendstimmung wäre und dort die Sprache mit ihren Lauten zur Verfügung stünde und auf den Gegenstand angewandt würde. Sondern der Abend erklingt als Sprache von selber … Die Sprache geht in der Abendstimmung auf, der Abend in der Sprache … Das Einssein ist inniger, als der schärfste Spürsinn es je bemerkt.» Einmal nennt Staiger Kennzeichen: «Einheit der Musik der Worte und ihrer Bedeutung, unmittelbare Wirkung des Lyrischen ohne ausdrückliches Verstehen … Verzicht auf grammatischen, logischen und anschaulichen Zusammenhang.» Zu Goethes «Lied an den Mond» bemerkt Staiger:

«Seit über hundert Jahren wissen sich die Kenner nicht zu einigen über die Situation, die dem Gedicht zugrunde liegt … Alles wurde erwogen und alles verworfen, nur das eine nicht, dass dieses unverständliche Gedicht zum Schönsten in der Weltliteratur gehört.»[46]

«Einheit der Musik der Worte und ihrer Bedeutung» – der Kern dieser Aussage besteht in der Dreiheit «Musik der Worte». Damit ist eine der wesentlichen Komponenten des Gebildes «Gedicht» genannt. Bisher tauchte sie in unseren Überlegungen nur sporadisch auf, war im Hintergrund aber immer anwesend. Paul Verlaine – ein hoher Meister im Reich der Lyrik, die bei ihm immer ganz besonders musikalisch tönt – überschrieb ein längeres Gedicht «Art poétique».[47] Zwei Zeilen daraus gehen leicht ins Gedächtnis ein, und man lässt sie sich gerne einfallen. In «Art poétique» beginnt Verlaine die erste Strophe: «De la musique avant toute chose», und die achte, vorletzte Strophe fängt er an mit: «De la musique encore et toujours!» Musik! Musik vor allen Dingen, oftmals und immer! Man stimmt sich beim Aufnehmen oder Wiederholen eines Gedichtes auf ein besonderes Hören ein, wenn man diese zwei Verlaine'schen Zeilen wie einen Basso continuo oder gar einen Basso ostinato untergründig empfindet. Die Verse beginnen melodisch zu klingen, weil man das Ohr dafür geöffnet hat.

Celans Äußerung über das Verständnis, das von selbst kommt, ruft Staunen hervor, wenn man bedenkt, dass gerade seine Dichtungen zu den bekannt «schwierigen» zählen. Literaturwissenschaftler fühlen sich von ihnen immer wieder aufgerufen zu analysierenden, differenzierenden, auslegenden Untersuchungen. Einige davon liest man mit viel Gewinn. Sie beleuchten entweder den biografischen Hintergrund, aus dem die interpretierten Gedichte erwuchsen; oder sie spüren Motiv-Verflechtungen nach oder erhellen den besonderen Wert mancher bei Celan häufig auftretender Metaphern. Eine überraschende Beobachtung lässt aber erkennen: Hat man sich selber eines der so gründlich betrachteten Gedichte einzig durch «immerzu nur lesen», besser noch: durch oft wiederholtes Sprechen auswendig zu Eigen gemacht, so trägt zu dem, was man dabei erfuhr, die Beschäftigung mit dem gedankenvollen «gelehrten» Aufsatz kaum etwas bei. Es handelt sich zwar um ein und dasselbe Gedicht, aber um verschiedene Welten, in denen es erscheint. Beim Werk Celans tritt dieses Phänomen besonders eklatant in Erscheinung, weil die Gedichte ungewöhnlich vielfädig und vielschichtig sind. Das Sich-Einlesen oder -sprechen führt – bei voller Aufmerksamkeit und wachem Empfinden – zu einer Stufe, auf der keine Fragen mehr beunruhigen; das «Bedeuten» hat sich mit erschlossen, ohne Hilfe des Verstandes. An einigen Beispielen soll das im nächsten Kapitel veranschaulicht werden.

Ein Epigramm Goethes kennzeichnet den falschen Versuch, das Schöne «verstehen» zu wollen: «‹Was *bedeutet* dein Werk?›, so fragt ihr den Bildner des Schönen./ Frager, ihr habt nur die Magd, niemals die Göttin gesehn.»[48] Die Göttin hält sich verborgen, wenn man sich ihr auf nicht angemessenem Weg zu nahen sucht.

Ein Zweites: Lesend und dabei innerlich sprechend folge man allein dem Rhythmus, der Worte und Verse zum Klingen bringt. In erhöhtem Maße gilt das beim lauten Sprechen. Darin lauern Gefahren: In dem Bemühen, die schönen Worte vernehmbar und deutlich zu sprechen, artikuliert der Sprechende den Lautbestand möglicherweise zu dick, feiert gleichsam jedes Wort und trommelt die Musik der Sprache damit zu.

Die andere Versuchung: Begeistert vom Entdecken der dem Gedicht innewohnenden Melodik beginnt der Sprecher diese zu singen, *er* singt. Da bleibt für den Gesang des Gedichtes kein Raum mehr – es schweigt. Der goldene Mittelweg fordert Zurückhaltung bei hoher, tastender Aufmerksamkeit im Empfinden – nicht Fühlen. (Fühlend beziehe ich die Welt auf mich, empfindend dagegen wende ich mich ihr zu.) Mit aller Aktivität darf der Sprechende nur auf das zugehen, was er als das Gedicht *hört*. Dieses Hören ist nach Kräften zu verstärken, bis es Horchen wird. Dann ergibt die Dichtung sich mit all ihrem Leben.

Für den Lehrer wäre hinzuzufügen: Nicht auf *seine* Freude und Begeisterung über das Gedicht (so wünschenswert und wertvoll sie sind!) dürfte er die Schüler einzustimmen suchen, das Wahrnehmen sei allein auf das Sprachgebilde gerichtet. Behutsam an es herangeführt, wird sich den jungen Menschen erweisen, ob sie es lieben können oder nicht. Beides lasse der Lehrer gelten, mache nicht den Versuch, eine Herrlichkeit zu preisen, die offenbar von einigen nicht gesehen werden kann. Geben wir einmal mehr Staiger das Wort: «Es ist nicht möglich, sich mit dem Lyrischen eines Gedichtes ‹aus-einander-zu-setzen›. Es spricht uns an oder lässt uns kühl.»[49] Das gestehe der Lehrer auch seinen Schülern zu.

Wer das *Leben* im Gedicht erfahren möchte, erinnere sich immer wieder an dessen Herkunft aus Nacht und Schlaf und an den Quellgrund, dem das Gedicht entstammt – ganz, soweit es rein lyrisch ist, oder mit Anteilen, soweit diese die lyrische Prägung und Farbe tragen.

Die Überlegungen abzuschließen werde die Empfehlung wiederholt, die im bisherigen Verlauf schon verschiedentlich gegeben wurde: Viele Gedichte lesen und sie sprechen. Wird das zur gerne geübten Gewohnheit, bilden sich neue Empfindungen als Wahrnehmungsorgane, die unter anderem befähigen, echte Gedichte von Pseudogebilden zu unterscheiden und die Göttin zu sehen, wo sie anwesend ist.

Gedichte ohne Vers noch Reim

Ruth Klüger weiß um den Wert der «gebundenen Sprache», die man als Gedächtnisbesitz in bestimmten Situationen braucht, «um sich seelisch über Wasser zu halten» (siehe oben, S. 60). Entschieden verteidigt sie unter anderem gegenüber Adorno die Notwendigkeit und das Recht, auch nach Auschwitz noch Gedichte zu schreiben. Die sind in der Tat auch geschrieben worden, und nicht wenige. Wie sehen sie aus?

Das Feld, das mit dieser Frage betreten wird, ist ein sehr weites, zudem ein in seiner Vielfalt verwirrendes. Wir können hier nur andeutend einiges aufklingen lassen anhand von Beispielen. – Zu Beginn ein Gedicht von Johannes Bobrowski:

Das Wort Mensch

Das Wort Mensch, als Vokabel
eingeordnet, wohin sie gehört,
im Duden:
zwischen Mensa und Menschengedenken.

Die Stadt
alt und neu, schön belebt, mit Bäumen
auch
und Fahrzeugen, hier

hör ich das Wort, die Vokabel
hör ich hier häufig, ich kann
aufzählen von wem, ich kann
anfangen damit.

Wo Liebe nicht ist,
sprich das Wort nicht aus.[50]

Deutlich fällt auf: Reime fehlen. Strophen gibt es zwar, sie bestehen aber nicht aus Versen, wie man solche von ältesten Zeiten her gewohnt ist. – Die Kunde dieses Sprachgebildes ist klar: Es geht um *das Wort Mensch.* Und um seine Abgrenzung, Absetzung von der *Vokabel* gleicher Lautung. Der Dichter sieht Wort und Vokabel in unterschiedlichen Zusammenhängen auftreten, beschreibt das in drei Strophen für die Vokabel und bedenkt das «Wort» zum Schluss nur mit zwei kurzen Zeilen.

Was ist an dem Ganzen «Gedicht»? Die Antwort lässt sich finden durch Lesen, besser: durch lautes Sprechen. Da entdeckt man gleich zu Anfang: Kein hilfreiches Reimwort macht aufmerksam auf das Zeilenende, und dieses Ende ist manchmal schnell da («im Duden», «auch»), bald erst nach mehreren, zum Teil auch längeren Worten. Die machen bereits in der ersten Strophe klar, in welchem Ton man das zu sprechen hat, was von der «Vokabel» zu sagen ist: recht locker, unverbindlich, ohne größeren Gefühlseinsatz. Zwar kommt auch das «Wort» noch einmal vor (dritte Strophe, erste Zeile), doch wird es unmittelbar ausgewechselt gegen die «Vokabel», denn die ist gemeint, die man «häufig» hört, man kann «aufzählen von wem», man kann «anfangen damit». Das hat den Klang einer bloßen Auskunft, irgendeine Haltung dahinter – welche auch immer – ist nicht erkennbar.

Die Zeilenenden wirken wie schroffe Abbrüche: «ich kann ...», «ich kann ...». Nachdenken ist nicht gefragt. Bis jetzt.

Nun aber: ein Abstand, der im Druck eigentlich doppelt so weit gespannt sein müsste, um eine Pause kenntlich zu machen beim Sprechen; eine lange Pause ist geboten, Bewusstsein weckend, und die Frage: Was denn nun? – Darauf, lapidar gesetzt, die Bedingung, unter der allein das «Wort Mensch» ausgesprochen werden dürfte. Verneinend wird das ausgedrückt («nicht», «sprich ... nicht aus») und – durch diesen Griff – das bejahende Verantwortungsbewusstsein und -gefühl herausgefordert: Liebe sei, wo das Wort gesprochen wird.

Suchen wir nach den Regeln (im Sinne Goethes), über die sich hier genialer Geist und Lyriksprache «einverstanden» haben, so sind es zunächst einmal die Zeilenabbrüche, die – bedenkt man sie – keineswegs belanglos oder zufällig, sondern als *Anstöße* spürbar sind.

Beim Sprechen müssen sie unbedingt eingehalten, hörbar gemacht werden! Dann aber ist da – ganz entscheidend – der Wechsel im Sprechstil vom locker bewegt Unverbindlichen zu den sehr ruhig und ernst anmutenden Schlusszeilen. Diese wenigen anspruchslosen Mittel lassen das Ganze nahtlos zusammenstimmen mit der gedanklichen Aussage, nehmen diese in sich auf. «Auslegend» braucht da nichts hinzugefügt zu werden.

In einem Gedicht mit ganz anderem Motiv wird der Wechsel der Sprechweise ähnlich sinn- und bedeutungsvoll eingesetzt:

Bäume

Säulenheilige
Jahrhunderte angewurzelt
ans Denken der Erde

schöpfen Schatten
aus dem Sonnenquell

Jeder Baum erwählt
die Luft zu bereichern
mit seinem Atem

im eingewachsenen Gewicht
ruhend

Aber die Unruhe
der Laublippen
diese Sprachspiele
jenseits
der verhärteten Rinde[51]

Unschwer ist zu erkennen, dass hier die Ruhe vorausgeht, man empfindet das «eingewachsene Gewicht» von Stämmen, die ernst und feierlich «Säulenheilige» tragen: die Kronen. Das lebt in allen Zeilen – bis zum Einsetzen der letzten Strophe. Da breitet die Sprache sich aus, hörbar vor allem in dem Wort «Laublippen», aber auch in «Unruhe» und «Sprachspiele». Die Zeilen brechen in dem Gedicht – Rose Ausländer schrieb es – weniger abrupt ab, sind aber ebenso zu beachten.

Besonders schöne Beispiele für die neuen Möglichkeiten, Rhythmus entstehen zu lassen, ungeahnte «Bindungen» zu schaffen in nicht mehr «gebundener» Sprache, finden sich bei Paul Celan.

> DAS STUNDENGLAS, tief
> im Päonienschatten vergraben:
>
> Wenn das Denken die Pfingst-
> schneise herabkommt, endlich,
> fällt ihm das Reich zu,
> wo du versandend verhoffst.[52]

Die ersten zwei Zeilen rufen das Bild eines Pfingstrosenbusches herauf, um dessen grüne Blätter ja immer, auch im vollen Sonnenlicht, ein Hauch von dunkler Kühle liegt – Päonienschatten. Darunter «tief vergraben» das Stundenglas. Der Leser wird aufgefordert zu verweilen bei dem Jahres-Augenblick «Pfingsten», zu verharren mit der Aufmerksamkeit dort, wo das Stundenglas ruht. Dann aber wird der Blick in die Höhe gerichtet, da geschieht etwas: Das Denken hat sich die Pfingst-/schneise gebahnt, «endlich». Der Schlussakkord atmet Befreiung, rasches Schwinden des Zustandes, in dem man «versandend verhofft».

Dieses kurze Gedicht lässt klar erkennen, dass es völlig verfehlt wäre, jetzt nach einer Interpretation zu suchen. Erprobt man des Dichters Rat «Lesen Sie, immerzu nur lesen ...», so erfährt man dessen Wahrheit. Immer dichter versammelt sich das Empfinden um das im Päonienschatten vergrabene Stundenglas, immer lichter kommt das Denken die Pfingst-/schneise herab, immer leichter aufatmend befreit man sich aus dem Verhoffen. Das «spezifische» Verständnis stellt sich – je länger man das Gedicht kennt, je öfter man es in Pfingststimmung gesprochen hat – zunehmend befriedigender ein bei gleichzeitiger Hoffnung und Gewissheit, es werde mit jedem Male *noch* weiter werden. Mit Vorstellungen und Gedanken ist das nicht zu fassen, man kann es nur erfahren. Aufmerksamkeit ist gefragt: Achtet man zum Beispiel sorgfältig auf das Führen des Schnittes bei «Pfingst-/schneise», so erlebt man, wie die Schneise breiter, heller wird. – Ein Anderes: Dem Wenden des Blickes tief nach unten und gleich darauf ins Grenzenlose nach oben (oder umgekehrt) begegnet man in Celans Dichtung öfter. Immer sind es Stellen, die sich stark einprägen. Ähnliches, wenngleich geringeren Ausmaßes, findet sich auch bei Reiner Kunze. In diesem Unten-Oben-Unten steckt eines der Elemente, um das die nicht mehr «gebundene» Lyriksprache reicher geworden ist. Überhaupt erweist diese sich als geeignet, im wachen und bereiten Leser unverhofft neue Empfindungen zu wecken, von denen er nie geahnt hätte, dass er ihnen begegnete, dass sie ihm zuteil werden könnten. In dieser Weise wirkte zwar alle Dichtung zu allen Zeiten, es offenbart sich das in der «modernen Lyrik» aber als besonders vielschichtig und differenziert.

Selbst wenn es möglich wäre, das Phänomen mit ausgedehnten wissenschaftlichen Untersuchungen als allgemein gültig in der einen oder anderen Hinsicht zu belegen, so könnte dieses Buch nicht der Ort dafür sein. Überdies erscheint es sinnvoller, eigene Einsicht und Erfahrung auf anderem Wege zu suchen. Vergleiche bieten sich an und Betrachtungen. Ein erstes Beispiel:

> FADENSONNEN
> über der grauschwarzen Ödnis.
> Ein baum-
> hoher Gedanke
> greift sich den Lichtton: es sind
> noch Lieder zu singen jenseits
> der Menschen.[53]

Die ersten zwei Zeilen führen in eine Landschaft, die mit leiblichen Augen nicht zu sehen ist. Wir Menschen auf der Erde kennen nur eine einzige Sonne. Dichte Nebel können sie dämpfen, dass sie nur noch als lichtgraues Rund mit unscharfen Grenzen zu sehen ist. Aber immer geschieht das am Tage. Fadensonnen stehen an schwarzem Himmel, unter dem bleibt die Welt grauschwarze Ödnis. – Befreiung aus dieser Düsternis geschieht durch einen Gedanken, einen baum-hohen, kraftvollen, der sich ein tönendes Licht greift, einen Lichtton. Dieser verkündet eine Botschaft. Das Wort «tröstlich» wird darin zwar nicht genannt, aber es lebt, ist gegenwärtig in dem Schlusssatz: «es sind/ noch Lieder zu singen jenseits/ der Menschen.» Jenseits der Menschen – ist das derselbe Nicht-Raum, in dem, über dem die Fadensonnen stehen? Oder wird das Empfinden dorthin verwiesen, wo «noch Lieder zu singen» sind – trotz der Menschen? «Sprechen, immer wieder nur sprechen» – folgt man dem Rat, so bemerkt man, dass der *Gedanke* besondere Kraft gewinnt, weil er nicht ein «baumhoher» ist; wäre er das, so bliebe die Fantasie noch im Bereich der Baumwipfel. Bei der Setzung «Ein baum-/hoher Gedanke» aber bekommt «hoher» am Zeilenanfang noch einmal volles Gewicht, eigene Betonung. Da geht es über gewohnte Maße hinaus, höher! – Und neben der Bedeutung, die dem Doppelpunkt immer zukommt, weist er hier im Textzusammenhang vernehmbar darauf hin, dass die Verkündung des Lichttones etwas Besonderes enthält. Der Band, in dem das Gedicht steht, kam drei Jahre vor Celans Tod heraus. Das Werk des jüdischen Dichters hatte wieder manche Ablehnung, manchen Angriff erfahren; er – geängstigt – empfand sie als neuerliche

Bedrohungen. Klingt es nicht, als ermutige er sich selber, weiter zu singen? – Lieder jenseits der Menschen. Der nicht zu bezeichnende Raum, in dem sie erklingen, weist auf die Nähe zu geistiger Erfahrung hin.

Mit allem jetzt Gesagten ist längst nicht erschöpft, was die sieben vers- und reimlosen Zeilen enthalten. In wenigen Worten vergegenwärtigen sie einen Bereich, der nur dem wachen Empfinden zugänglich ist, ihm allein eröffnet sich über eindringlichem Lesen das «Verständnis». Verfehlt wäre es, etwas zu suchen hinter dem oder über das hinaus, was der Dichter aussprach. Auch irgendwelche Kunstregeln sind dabei nicht zu entdecken, es sei denn, dass man auch hier wieder die ungewohnten Zeilenabbrüche mit ihren deutlichen Wirkungen als neuartige Kunstregeln ansähe. Über die Fähigkeit, eine tiefreichende Fülle gleichsam in die Zwischenräume einer sparsamen Form hereinzuholen, verfügte der *junge* Celan noch nicht. Seine Begabung zum Dichter fühlte er schon früh. Aber was er 1943 als Dreiundzwanzigjähriger dichtete, sah so aus:

STERNENLIED

Nichts kann, das sich im Mondschein noch begibt
je sein wie damals, als der große Wagen
uns tönend aufnahm. Keinen den er liebt
wird er, wie einst uns zwei, begeistert tragen,

dass laut die Leier aufklingt, wenn sein Rad
durch Fernen hinrollt; dass die unsichtbaren

Gestirne aufblühn, wenn er strahlend naht,
und staunen, dass hier andre also fahren;

und sich das Schwanenlied dort oben, bang
vor eignem Tod, bekennt zum fremden Leben;
und Gold, das von der Himmelswaage sank,
von Schwingen träumt um neben uns zu schweben;

und in den Wäldern, wo die Welt beginnt,
der Bogenschütze schweift, an uns vorbei,
und seine Pfeile fächeln Frühlingswind
den Hirschen mit dem knospenden Geweih …

Uns kann im Mondschein keiner gleichen seit
die Pracht dort oben unser eigen war.
Mein Herz strahlt wild vom herrlichen Bescheid
Dein Haar vom Glanz aus Berenikes Haar.[54]

In fünf gleichmäßig gebauten Strophen gehen die Zeilen mit streng eingehaltenen 5-Jamben-Schritten auf ihre Reime zu. Das ist altgewohnte Form; was sie enthält, lässt sich hier mühelos einsehen und mitfühlen. Einer so dichten Sternbilder-Stimmung begegnet man in der Lyrik nicht oft. Sechs Sternbilder werden aufgeführt, Celan kannte sich aus. Das Ganze ist durchklungen von der Wort-Musik, getragen vom regelmäßigen Rhythmus der Verse und Strophen. Solche Gebilde entstanden noch in fragloser Selbstverständlichkeit, ihr Schöpfer fühlte sich nur der Stimmung verpflichtet, die ihn und die Freundin erfüllt hatte, und er meinte, dabei den Forderungen der lyrischen Sprache genügt zu haben. «Ich bin doch froh, daß ich Dir ein Gedicht schenken kann, und bin doch voll Freude, weil ich glaube, dass es schön ist. Es ist ein Sternenlied ...», so stand es in einem Brief vom 2. Dezember 1943.[55]

Ganz anders klingt ein Gedicht, das fast drei Jahrzehnte später entstand: Während der Drucklegung des Bandes *(Lichtzwang)* traf in der Redaktion die Nachricht von Celans Tod ein.

> STREUBESITZ, staub-
> unmittelbar.
>
> Abend um Abend schweben
> die den Gedanken entzognen
> Botschaften ein,
> königshart, nachthart,
> in die Hände der Klage-
> vögte:
>
> aus dem Knick
> ihrer Lebens-
> linien
> tritt lautlos die Antwort:
> der eine ewige
> Tropfen
> Gold.[56]

Der Gedichtbeginn: zwei Worte, durch Komma getrennt; sie füllen zwei Zeilen.

Die Wortanfänge, das heißt ihre Laute (str, st), bekräftigen die Bedeutung, auf die die Wort-Neubildung «staub-unmittelbar» hinweist: zersplitterter, wertloser Besitz, streubar wie Staub.

Nach größerem Abstand erfolgt die Wendung, hin zu einer vollständig anderen Welt. Dort schweben Botschaften ein, «den Gedanken entzogne». Abend um Abend geschieht es. Das Empfinden kennt sie, bemerkt, dass sie königshart, nachthart sind. Der Eindruck von Strenge und Unbestechbarkeit entsteht: Diese Botschaften schweben in die Hände der Klagevögte. Vögte vertraten im Mittelalter Ansprüche vor Gericht. Werden die hier genannten Vögte Klage erheben, wenn den eingeschwebten Botschaften nicht entsprochen wird? – Wieder ein «Abstand», und mit der letzten Zeilenfolge die Erlösung: Aus dem Knick der Linien, die in den Händen auf das Leben hindeuten, tritt lautlos die Antwort: Die Botschaften wurden verwandelt zu dem «einen ewigen/ Tropfen/ Gold». Es entstand Dichtung, ewig gültiges Gold.

Mehr und mehr hatte Celan sich gerade dieser Aufgabe, eingeschwebte Botschaften aussprechbar zu machen, verpflichtet gefühlt. Er sah sich unter der Verantwortung seinem Dichter-Sein gegenüber.

Zwischen dieser letzten Phase und der des «Sternenliedes» gab es eine gleichsam überleitende Stufe. Sie ist erkennbar in Gedichten des 1955 erschienenen Bandes *Von Schwelle zu Schwelle.* Ein Beispiel:

Sprich auch du,
sprich als letzter,
sag deinen Spruch.

Sprich –
Doch scheide das Nein nicht vom Ja.
Gib deinem Spruch auch den Sinn:
gib ihm den Schatten.

Gib ihm Schatten genug,
gib ihm so viel,
als du um dich verteilt weißt zwischen
Mittnacht und Mittag und Mittnacht.

Blicke umher:
sieh, wie's lebendig wird rings –
Beim Tode! Lebendig!
Wahr spricht, wer Schatten spricht.

Nun aber schrumpft der Ort, wo du stehst:
Wohin jetzt, Schattenentblößter, wohin?
Steige. Taste empor.
Dünner wirst du, unkenntlich, feiner!
Feiner: ein Faden,
an dem er herabwill, der Stern:
um unten zu schwimmen, unten,
wo er sich schimmern sieht: in der Dünung
wandernder Worte.[57]

In dem hier betrachteten Zusammenhang kann vor allem die große letzte Strophe erhellend wirken in der Spannung zur Überschrift «Sprich auch du». Der, an den diese Aufforderung sich richtet, gerät in Bedrängnis: Der Ort, wo er steht, schrumpft. Das löst starkes seelisches Erleben aus: Wohin jetzt? Dieses Gefühl kennt wohl jeder Leser und weiß, was ihn als Erschrecken überkommt, wenn er an irgendeiner Stelle den Boden unter den Füßen verliert. Nachfühlbar ist das. Aber nun die Weisung: «Steige. Taste empor ...». Der Halt, auf den es hier ankommt, kann im Umkreis nicht mehr gefunden werden. Es bleibt allein das Nach-Oben und unter dem Zuge dieses Strebens die eigene Verwandlung. Über Stufen: dünner, unkenntlicher, feiner! feiner, schließlich ein Faden, ganz dem Stern dienend, der herabwill. Der Stern, der hoch über jedem Menschen steht, ist ein altes Bild seines Geistkernes, seiner Individualität. Die des Dichters verlangt danach, «unten zu schwimmen, unten», wo sie als Stern sich schimmern sieht. Welche seelische Wärme und Bewegung, welches Ahnen der Erfüllung liegt in den letzten Worten: «in der Dünung/wandernder Worte».

Bei diesem Gedicht, das Celan etwa 34-jährig schrieb, kann sich wegen seines Baues und Verlaufes das Erinnern an ein anderes einstellen, das bei dem nur um zwei, drei Jahre älteren Goethe entstand. Nach Ansicht Emil Staigers gehört es «zum Schönsten in der Weltliteratur», und das ist gewiss so.

An den Mond

Füllest wieder Busch und Tal
Still mit Nebelglanz,
Lösest endlich auch einmal
Meine Seele ganz,

Breitest über mein Gefild
Lindernd deinen Blick,
Wie des Freundes Auge mild
Über mein Geschick.

Jeden Nachklang fühlt mein Herz
Froh – und trüber Zeit,
Wandle zwischen Freud und Schmerz
In der Einsamkeit.

Fließe, fließe lieber Fluß!
Nimmer wird ich froh,
So verrauschte Scherz und Kuß,
Und die Treue so.

Ich besaß es doch einmal,
Was so köstlich ist!
Daß man doch zu seiner Qual
Nimmer es vergißt!

Rausche, Fluß, das Tal entlang,
Ohne Rast und Ruh,
Rausche, flüstre meinem Sang
Melodien zu,

Wenn du in der Winternacht
Wütend überschwillst,
Oder um die Frühlingspracht
Junger Knospen quillst.

Selig, wer sich vor der Welt
Ohne Haß verschließt,
Einen Freund am Busen hält
Und mit dem genießt,

Was von Menschen nicht gewußt
Oder nicht bedacht,
Durch das Labyrinth der Brust
Wandelt in der Nacht.

Was den Gehalt der zwei zitierten Gedichte angeht, so sind sie zu vergleichen. Beide führen nach dem Beginn bald in starke seelische Bewegung, die sich bis zu der Stelle hin steigert, wo nach Beschwichtigung (bei Goethe) oder nach Befreiung aus gefahrvoller Enge (bei Celan) verlangt wird. Beides stellt sich ein. Den Ablauf mehr im Einzelnen zu vergleichen, werde hier ausgespart und dem Interesse, der Einsicht des Lesers überlassen. Im Rahmen unserer Fragestellung ist vor allem zweierlei bemerkenswert. Beim einen wie dem anderen Gedicht gibt es einen fast dramatischen Ablauf mit Anschwellen, einem Höhepunkt und beruhigtem, gefasstem Ausklang. Dahinter stehen *Gefühle:* «zwischen Schmerz und Lust … nimmer wird ich froh … ich besaß es doch einmal … daß man doch zu seiner Qual/ nimmer es vergißt!» Das ist Klage. «Sag deinen Spruch. Sprich –/ doch scheide das Nein nicht vom Ja.» Die Forderung der Aufgabe ist streng, es gilt, ihr gegenüber standzuhalten – gelassen und entschieden. Die Höhepunkte sind: «Wenn du in der Winternacht/ Wütend überschwillst,/ Oder um die Frühlingspracht/ Junger Knospen quillst» bei Goethe und: «Wohin jetzt ... wohin?» im Celan-Gedicht. Bei Goethe vollzieht sich das Abklingen der Aufwallung ganz im Gefühlsbereich: «Selig, wer sich vor der Welt/ Ohne Haß verschließt ...» und mit einem Freunde genießt, was wandelt «im Labyrinth der Brust ...», «Von Menschen nicht gewußt/ Oder nicht bedacht». Das Gefühl geht hier noch einen Schritt tiefer, nähert sich dem Nicht-Gewussten, Nicht-Bedachten. Das kannte Goethe als den nächtlichen Quellgrund seines Schaffens. – Im *Wesentlichen* handelt es sich bei dem, worauf der fast hundertachtzig Jahre später Geborene hinweist, um dasselbe, wenn er vom Stern spricht, der sich schimmern sieht «in der Dünung wandernder Worte».

Nun das zweite, ein großes «Aber»: Goethe wählt für seine Aussage ganz selbstverständlich die alten Formen: regelmäßigen Versbau (hier in Trochäen), in dem jede Zeile auf ihr Ende im Reimwort zuläuft, was in gewissem Sinne *Halt und Abschluss* bedeutet. Diesen sicheren Boden hatte Celan inzwischen verlassen, er bewegt sich in einem sehr freien Raum, ringsum ist zum Festhalten nichts zu finden. Wo Rhythmen entstehen – und sie werden beim Sprechen des Gedichtes deutlich hörbar –, da sind sie neu, gänzlich ohne Bindung an eine Regel. Sie gehören zu *diesem* Gedicht, sind eigens für es geschaffen, mit ihm zugleich entstanden. Am schönsten klingt der Rhythmus, wo die drittletzte Zeile untertaucht in die u-Laute, um dann in die Bewegung der «Dünung/wandernder Worte» überzugehen.

Die meisterhafte Handhabung dessen, was als freier oder innewohnender Rhythmus zu bezeichnen ist, lässt sich mühelos ebenfalls entdecken bei den Gedichten «Fadensonnen» und «Streubesitz», man braucht diese nur zu sprechen. Dann hören sich viele ihrer knappen Zeilen wie musikalische Motive an. Beim «Streubesitz» ist es die mittlere Strophe und vor allem der Schluss: «der eine ewige/Tropfen/Gold».

Als Anregung, ohne näher darauf einzugehen, seien noch zwei Gedichte zur Betrachtung empfohlen, ihr Autor: Thomas Bernhard. Für viele Menschen werden sich mit diesem Namen die Titel von Theaterstücken verbinden, solchen, die bei den (Ur-)Aufführungen in Wien gepfiffenen und gebuhten Protest hervorriefen, aber ebenso viel Zustimmung und Begeisterung. Bernhard (1931–1989) begann seine Laufbahn als Schreiber von Gedichten. Davon zwei Beispiele:

Im Hofe von St. Peter

Glockenschlag kommt aus dem Blau herein
Und verzittert an den heißen Wänden,
Und muß einsam an der Mauer enden,
Denn gehörlos ist der blanke Stein.

Aber Leben flutet sanft herein,
Und kommt sorgsam aus den hohen Zimmern
Des Palastes und die Strahlen schimmern
Wie in einem purpurvollen Schrein.

Schwarze Mönche gehen tief geneigt
Um den Brunnen, während in den Bäumen
Junge Schwalben nisten in den Träumen.

Und sie beten ohne aufzuschauen,
Während einer wunderbar vorm blauen
Mittagshimmel stehen bleibt und schweigt.[58]

So dichtete der etwa vierundzwanzig Jahre alte Bernhard. Einige Jahre später sah das anders aus:

Hinter dem schwärzlichen Wald
brechen meine Gedanken die Zelte ab.
Das zerborstene Schaukelpferd
des Sommers hat der Mond
in den Schnee gestellt.
Auf einem silbernen Schweif sitzt
die verlorene Sonne
und späht herab auf die hilflosen Dörfer

die allein geblieben sind
mit dem Most der Krieger
und mit der Erde der Angst.

Dich schützt nur die Schlange des Ruhms
die ihr Grün unter faulen Blättern verspritzt
und sich zurückzieht
unter der kalten Fackel der Nacht.[59]

Ähnlich wie Celan strebt Bernhard hier die ungebundene Form an, betrachtet sie jetzt als die ihm angemessenere. Dabei reiht er Metaphern, Bilder aneinander, um eine *Stimmung* dichterisch zu fassen. Dass er wusste, was die traditionelle Gedichtform fordert, und dass er dieser Forderung genügen konnte, das hatte Bernhard mit Lyrikgebilden wie dem oben angeführten vollendeten Sonett bereits bewiesen.

Diese Tatsache darf – ebenso wie bei Celan – nicht als Kleinigkeit bewertet werden. Es ist nicht ein willkürliches Sprengen des Alten, sondern eher ein achtungsvolles Weiterentwickeln für Aussagen, wie sie heute angemessen erscheinen. Wahrscheinlich wäre es ohne eine solche Stufe der Prüfung und Bewährung nicht möglich geworden, eine in ihrer Knappheit und Zartheit fast filigranhaft anmutende Form so zu füllen mit Welten, die leiblichen Augen und Ohren unwahrnehmbar bleiben. Es ist vielfach bei Celan und anderen Dichtern des 20. Jahrhunderts der Fall. Das Bernhardsche Beispiel («Hinter dem schwärzlichen Wald») ist dem äußeren Erscheinungsbild nach voluminöser, braucht mehr Worte, löst sie aber alle aus ihrem nüchternen Alltagssinn heraus, erhebt sie zur Metapher und verleiht ihnen so eine Aussagekraft, die in andere, jenseitige Räume hinüberreicht. Man fragt sich, was wohl noch geworden wäre, wenn Bernhard sich nicht mit zweiunddreißig Jahren von der Lyrik verabschiedet und Erzählungen und Schauspielen zugewandt hätte.

Schaut man nun zurück auf das, was hier zusammengestellt und betrachtet wurde, so muss man eingestehen, dass es nicht gerade viel ist, was zu entdecken war an «Ersatzweisen» für den Verzicht auf Vers und Reim und gebundene Rhythmen in den meisten modernen Gedichten. Die Ernte: Da sind einmal die ungewohnten Zeilenabbrüche bis in willkürliche Worttrennungen hinein. Aber wir sahen, welche überraschenden Wirkungen sich aus ihnen ergeben: Aufmerksamkeit und Bewusstsein werden geweckt, der Bedeutungsgehalt der Worte wird erweitert. Dann ist da der Übergang zu freien Rhythmen, die dem einzelnen Gedicht innewohnen, ganz zu ihm gehörend sind sie zu wesentlichen Aussagen individualisiert.

Es bleibt noch die Frage, ob sich nichts erhalten habe von dem, was die ältesten deutschen Dichtungen als Stabreim durchklang:

> Úrzeit war es, da Ýmir hauste;
> nicht war Sánd noch Sée noch Sálzwogen,
> nicht Érde únten, noch óben Himmel,
> Gǻhnung gróndlos, doch Grás nirgend.

Vokale oder Konsonanten in Anfangsstellung traten nach festen Regeln in Wiederholungen auf und zogen einen betonten, schweren Schritt im Vers auf Silbe und Wort. Ist davon in unserer Dichtung nichts mehr zu hören? – Eine der Literaturwissenschaft genügende Antwort ließe sich nur nach gründlichen Untersuchungen geben. Zwei Beispiele, die vielleicht auf eine bestimmte Entwicklung deuten, seien aber erwähnt. In der bereits angeführten ersten Strophe des Huchel-Gedichtes (vgl. S. 29) fällt auf: «Damals ging noch am Abend der Wind …», «das Laub der Linde sprach mit dem Kind,/ das Gras sandte seine Seele aus.» – In der ersten Zeile ist viermal a zu hören, in Binnenstellung und anlautend. In der dritten Zeile gibt es zwei l; in der vierten viele s, auslautende und anlautende. – Vom Stabreim heißt es: «er packt den Vers im Innersten, hebt die Silben, die inhaltlich die wichtigsten sind, noch stärker hervor».[60] Davon kann in dem Gedicht von Huchel keine Rede sein. Erstens stehen die alliterierenden Laute kaum einmal an regelgerechten Stellen, zum anderen fließen sie in die von starker Stimmung erfüllten Zeilen so ein, dass jede einzelne von diesen anmutet wie strömendes Atmen, jede Zeile ein Zug. *Gefühl* prägt das Ganze, die Ordnung der Laute darin scheint zufällig zu sein, sie wirkt einfach nur schön.

Es gibt in der modernen Lyrik eine Stelle, an der Laut-Bündelung in besonders beeindruckender Weise auftritt. Wieder handelt es sich um ein Gedicht von Celan. Der Dichter räumt ihm in der Sammlung *Atem-*

wende schon äußerlich einen hervorragenden Platz ein: Als einziges Gedicht des Abschnittes VI schließen die neun Zeilen den Band ab:

EINMAL,
da hörte ich ihn,
da wusch er die Welt,
ungesehn, nachtlang,
wirklich.

Eins und Unendlich,
vernichtet,
ichten.

Licht war. Rettung.[61]

Die Lautfolge i-c-h tritt unmittelbar hintereinander viermal auf: präludierend gleichsam in der Nachsilbe -lich, dann mit dem n verbunden in «vernichtet», darauf in einer Wort-Neubildung, die es vorher als «ichen» auch bei Rudolf Steiner schon gab: «ichten»; und «Licht» lässt sich dann wie die Krönung des mit fünf Wörtern gefassten Vorgangs empfinden; das zwischen zwei Punkten stehende «Rettung» bestätigt diese Sicht. Das Ganze lädt dazu ein, es oft lesend, sprechend, empfindend, denkend immer wieder aufzunehmen.

Dichten Dichter heute anders?

So formuliert lässt sich die Frage voll und rundum bejahen. Aber auch nur *rundum.* Denn *allgemein* ist es selbstverständlich wahr, dass *jeder* Dichter vollkommen anders schafft als *alle anderen.* Nicht allein ist jeder eine unverwechselbare Persönlichkeit, Individualität, sogar jedes gelungene Gedicht trägt diesen Stempel. Das ist die eine Wahrheit. Es gibt aber eine zweite, dazugehörige, die alle Dichter-Individualitäten umgreift, die über ihnen steht: Der rein lyrische Anteil im Werk eines Dichters kann «Leben» in dem weiter oben dargestellten Sinne als ein unmittelbar anwesendes Element nur insoweit enthalten, als er aus dem Nährboden Nacht, Schlaf und daraus stammender Quellnähe erwachsen ist. Dazu verpflichtet die Sprache die Lyriker, und zwar alle.

Das gilt durchaus heute noch und kann selbst dann eingehalten werden, wenn «das innewohnende dichterische Talent» nicht im selben Sinne und Maße so «ganz als Natur» gegeben ist wie bei Goethe. Ein glänzendes Beispiel für einen solchen Fall bot schon Eduard Mörike (1804–1875).

Anders als Goethe hat er seine Versgebilde immer neu überarbeitet: von gelegentlichen Drucklegungen im

Morgenblatt zum ersten, 1838 erschienenen Gedichtband hin und von dieser Auflage dann stets wieder zu allen weiteren drei Auflagen. Trotzdem halten nicht wenige Lyrik-Liebhaber manche Mörike-Gedichte für das Kostbarste, das in der Poesie der Klassik und Romantik geschaffen worden ist – trotz Goethe!

Mächtig wirkte der Nacht- und Schlafbereich im Leben wie im Dichten Mörikes, bis zum Geheimnisvollen, ja auch Unheimlichen. Daraus holte er die Edelsteine seiner Gedichte. Doch das gelang ihm nicht leicht und keineswegs beim ersten Griff in Vollendung. Mörike bewies kurz nach Goethe, dass der Umgang mit dem Quellgrund nicht nach einem bestimmten Muster verlaufen muss. Als *Ursprung* ist er notwendig für jedes lyrische Schaffen. Darum die Frage: Reichen heutige Dichter – falls sie denn wirklich anders dichten sollten – bis in die Tiefe dieses Grundes hinunter?

Aufschlussreich ist es in jedem einzelnen Fall zu sehen, wie sich das im 20. Jahrhundert darstellte. Vier im Hinblick auf unsere Fragestellung besonders bemerkenswerte Fälle seien kurz skizziert.

Da ist als Erste Christine Lavant (1915–1973). Den bürgerlichen Namen Thonhauser tauschte sie, als sie zu schreiben begann, gegen den Namen ihres österreichischen Heimattales ein. Das kurze Leben der Lavant trägt den Stempel von Armut, Enge, großer körperlicher Schwäche und häufigen schweren Krankheiten. Sie war das neunte und jüngste Kind eines früh invalide gewordenen Bergarbeiters. Die Mutter verdiente mit nächtlichem Stricken Geld, das kaum zum Notwendigsten reichte. Sieben Jahre besuchte Christine mit vielen Unterbrechungen die dreiklassige Grundschule, danach noch ein Jahr die Hauptschule. – Diesen Menschen überkommt das Dichten. «Kunst wie meine ist nur verstümmeltes Leben», sagt sie später einmal. – Eine Germanistin, die die Dichterin wiederholt besuchte, berichtet:

«‹Ich schreib aus Verzweiflung›, sagt sie … ‹Wenn es kommt, kann ich nichts dagegen machen.› Sie sagt, dass das Dichten bei ihr über Träume verliefe: Schlafträume, Wachträume, Halbträume. Sie spricht von der Mühe und Anspannung, auszuhalten, bis die Träume ‹klar› werden und davon, wie ‹Kopf› und ‹Herz› im Augenblick des Schreibens ‹eins› sind … Die Gedichte ‹wissen› mehr als die Dichterin. Das weiß auch sie.»[62]

Wie sehen Gedichte aus, die so entstanden?

Habe keine Honigwaben
aber meine Unglücksraben
halten ein die Essenszeiten
kommen Kummerbrot bereiten
und den Herzbrechwein.
Diese Raben haben Ehre
und mein Mut nimmt zu an Schwere
wie ein Höhlenstein.
Doch die Hoffnung wird ganz hager
liegt auf ihrem Lumpenlager
ohne Atzung ohne Pflege

geht im Fieber lange Wege
ganz allein zurück –;
trifft dort unsre Honigwaben
die wir längst verschleudert haben
isst sie Stück für Stück.
Deshalb wird sie niemals sterben
und den schweren Mut beerben.[63]

Metrum: vierfüßige Jamben und nicht ganz regelmäßig gesetzte Reime. Das alles aber wird bei weitem aufgewogen durch den musikalischen Fluss, in den hinein Wortbildungen wie «Kummerbrot», «Herzbrechwein» gebettet sind und der «Mut, der an Schwere zunimmt». Wenn das nach dem Wort der Dichterin nur «verstümmeltes» Leben ist, so prägt es sich doch dem Gedächtnis des Lesers schnell ein. Und meint man nach Jahren, es vergessen zu haben, so braucht man – etwa bei ruhigem Gang in der Natur – nur die erste Zeile zu sprechen (die sich leicht behält), und man erlebt, dass alle weiteren Zeilen sich nach und nach «anhängen», dass das Gedicht einfach weiterklingt. Des Metrums und der Reime bedurfte die Lavant wohl, um das den Halbträumen Abgerungene aussagen zu können. In die Form gegossen gedieh es dicht. Die Frage nach irgendeiner Bedeutung stellt sich nicht, der Verstand hat hier nichts zu suchen.

Anders sieht das bei Bertolt Brecht aus, und er kann deutlich sagen, worum es sich bei ihm jeweils handelt. «Ist das lyrische Vorhaben ein glückliches, dann arbeiten Gefühl und Verstand völlig im Einklang. Sie rufen sich fröhlich zu: Entscheide du!»[64] «Gefühl» steht für das aus dem Traum, aus dem weitgehend Unbewussten Stammende, «Verstand» ist die tagwache Kraft, bei Brecht überwiegt diese zuweilen. «Schlechte Zeiten für Lyrik» kann es dann heißen. Das Gedicht mit diesem Titel schließt:

In meinem Lied ein Reim
Käme mir fast vor wie Übermut.

In mir streiten sich
Die Begeisterung über den blühenden Apfelbaum
Und das Entsetzen über die Reden des Anstreichers.
Aber nur das zweite
Drängt mich zum Schreibtisch.[65]

Der «Anstreicher» hieß Adolf Hitler, Reimlosigkeit wie Entsetzen sind voll verständlich. Schön ist es nun zu sehen, dass Brecht auch reine Lyrik schreiben konnte, freilich war das noch vor der Zeit des Anstreichers (1928/29).

Die Liebenden

Sieh jene Kraniche in großem Bogen!
Die Wolken, welche ihnen beigegeben
Zogen mit ihnen schon, als sie entflogen
Aus einem Leben in ein andres Leben.
In gleicher Höhe und mit gleicher Eile
Scheinen sie alle beide nur daneben.

Dass so der Kranich mit der Wolke teile
Den schönen Himmel, den sie kurz befliegen
Dass also keines länger hier verweile
Und keines andres sehe als das Wiegen
Des andern in dem Wind, den beide spüren
Die jetzt im Fluge beieinander liegen
So mag der Wind sie in das Nicht entführren
Wenn sie nur nicht vergehen und sich bleiben
So lange kann sie beide nichts berühren
So lange kann man sie von jedem Ort vertreiben
Wo Regen drohen oder Schüsse schallen.
So unter Sonn und Monds wenig verschiedenen
Scheiben
Fliegen sie hin, einander ganz verfallen.
Wohin, Ihr? – Nirgend hin. – Von wem davon? –
Von allen.
Ihr fragt, wie lange sind sie schon beisammen?
Seit kurzem. – Und wann werden sie sich trennen? –
Bald.
So scheint die Liebe Liebenden ein Halt.[66]

Der Unterschied zwischen den beiden Gedichten ist eklatant: *Wenn* das Lyrische («Die Liebenden») überhaupt eine Frage auslösen kann, betrifft sie die zwei Schlusszeilen, aber auch diese Frage wendet sich allein an das Empfinden des Lesers: Kannst du die Aussage nachempfinden? «Schlechte Zeiten für Lyrik» dagegen überbringt eine Botschaft, die beansprucht, verstanden zu werden. Und der Verstand soll sich beschäftigen mit ihr.

Ein solches Anliegen kann – gedichtet – auch in anderer Gestalt erscheinen, so bei Ingeborg Bachmann zum Beispiel:

Wer weiß, wann sie dem Land die Grenzen zogen
und um die Kiefern Stacheldrahtverhau?
Der Wildbach hat die Zündschnur ausgetreten,
der Fuchs vertrieb den Sprengstoff aus dem Bau.

Wer weiß, was sie auf Grat und Gipfel suchten?
Ein Wort? Wir habens gut im Mund verwahrt;
es spricht sich schöner aus in beiden Sprachen
und wird, wenn wir verstummen, noch gepaart.

Schon diese zwei Strophen (von insgesamt sieben) sprechen deutliche Sprache; und wenn in der folgenden dritten dann genannt wird, was notwendig ist: «damit die Grenze heilt», so besteht vollkommene Klarheit über die Richtung, in die die Dichterin Verstand wie Gefühl weist. Die Grenze als Wunde. Der grundlegende Gedanke tritt in schöner «gebundener» Sprache auf, der Leser kann je nach Neigung mehr dem einen oder dem anderen sich zuwenden. Oder er öffnet sich beiden gleichermaßen, das würde ihn am leichtesten auf den Gipfel der letzten Strophe hinführen:

Wir aber wollen über Grenzen sprechen,
und gehen auch Grenzen noch durch jedes Wort:
wir werden sie vor Heimweh überschreiten
und dann im Einklang stehn mit jedem Ort.[67]

Gedankenlyrik ist das, und die hat es seit jeher gegeben. Unübersehbar ist indes, dass in moderner Lyrik der Gedankenanteil größer geworden ist. Dem angepasst treten Vers und Reim dann zurück. Es werden aber neue Kunstformen entwickelt, einige sind im vorigen Kapitel schon erwähnt.

Es geht immer um die Frage, ob Lyrik, die aus den Gründen von Nacht, Schlaf und Traum entsprang und die mit Quellkräften dem entstehenden Gedicht Leben einflößte, im Verlauf des 20. Jahrhunderts abgetan werden musste, weil unser Bewusstsein anders, wacher geworden ist. Es zeigt sich jedoch, dass erstens noch ganz im Stile des Gewohnten gedichtet werden kann (Christine Lavant; Brecht), dass zweitens Gedanken mit und neben starkem lyrischen Ton sich halten können (Ingeborg Bachmann) und dass drittens Meisterwerke der neuen «schmuckloseren» Form sehr wohl das Erbe der älteren Dichtung antreten können, wenn sie ins Gedächtnis aufgenommen werden. Reiner Kunze dichtete:

BITTGEDANKE, DIR ZU FÜSSEN

Stirb früher als ich, um ein weniges
früher

Damit nicht du
den weg zum haus
allein zurückgehn mußt[68]

In der Trauer über den plötzlichen, völlig unerwarteten Tod ihres Mannes war dieses Gedicht lange Zeit hindurch einer Frau starke Hilfe – durch beides: den Gedanken und die zart anmutende Form, die das Fühlen unmittelbar anrührt. Kunze beschreibt an verschiedenen Stellen, wie ihm die Gedichte zukommen, wie er zu den Gedichten kommt. Einmal heißt ein Gedichtschluss:

> Abende, an die du den kopf lehnen kannst,
> damit das am tage verzweifelt gesuchte wort
> aufgeht hinter dem schlaf[69]

Ein anderes Mal schildert Kunze ausführlich den sorgsam zu gehenden Weg, der vom «Einfall», der nicht «herbeigewollt» werden kann, zum vollendeten Gedicht führt. «Herbeiarbeiten» müsse man das jeweils einzig passende Wort, «… das Signal für den Beginn eines solchen Prozesses ist immer der poetische Einfall».[70]

Es geht um das komplizierte Spiel zwischen Bewusstem und Unbewusstem. Auf Letzteres können auch in unserer Zeit Lyriker nicht verzichten, aus ihm stammen heute wie einst die Einfälle her. Der Nachtbereich behält seine Gültigkeit.

Es fragt sich nur, welchen Raum ihm die heutigen Dichter in ihren Werken noch zugestehen. Davon hängt es ab, wie viel wirkliches Leben sie dem Gedicht mitgeben können. Das heißt aber auch: in welchem Umfang der Leser, Sprecher die Anwesenheit der Kraft erfährt, von der wiederholt die Rede war. An guten, bemerkenswerten Gedanken wird die Poesie in Zukunft wohl kaum Mangel leiden. Daran können wir uns erbauen, erfreuen, in den eigenen Einsichten und Absichten bestätigt finden. Möchten die Lyriker uns daneben doch auch Frische, Stärke, Ruhe und Sicherheit weiterhin spenden! Dass die Schreibenden erfahren und wissen, aus welchem Urgrunde sie das schöpfen müssen, das ist in den angeführten Beispielen zu erkennen.

Wenn oben von der fortdauernden Gültigkeit des Nachtbereiches gesprochen wurde, dann mag das für manche heutige Ohren befremdlich klingen. Es ist aber dennoch zutreffend. Dafür möge ein Vorkommnis Zeugnis ablegen, das sich während der Nazi-Zeit in Zürich ereignete. Berichtet hat es der Schauspieler Ernst Ginsberg, der als Jude emigriert war. Aufgrund seiner großen künstlerischen Begabung wurde er bald Mitglied des Zürcher Schauspielhauses.

Schon von Berlin her war das Ehepaar Ginsberg befreundet mit der Dichterin Else Lasker-Schüler. Sie fand sich ebenfalls in Zürich ein, konnte dort aber nur schwer Fuß fassen. Über die Art, wie sie dichtete, gibt es klare Schilderungen: «Ich bin nur eine Dichterin, vielmehr – es dichtet in mir … Der Dichter beabsichtigt beim Dichten … *nie* etwas. Er muss eben dichten … Je andächtiger lauschend er seinem Engel … angehört, desto wertvoller und tiefer seine Dichtung. Die Menschen nennen diesen Zustand: Inspiration.»[71]

Ernst Ginsberg zitiert eine weitere Äußerung von ihr: «Womit schreibe ich eigentlich meine Verse? Mit der Hand der Seele – mit dem Flügel», und er fährt dann fort:

«Ich selbst habe eine ergreifende Bestätigung der Wahrheit dieser ihrer Worte erlebt. An einem frühen regnerischen Zürcher Morgen, den ich nie vergessen werde, läutete es etwa um 6 Uhr an unserer Tür. Als ich öffnete, stand draußen sichtlich erregt und verstört Else Lasker-Schüler, das nasse Haar ins Gesicht hängend. Sie entschuldigte sich für ihr frühes Kommen und bat, mir ein Gedicht vorlesen zu dürfen, das in dieser Nacht entstanden sei. Ich bat sie hereinzukommen. Sie setzte sich, durchnässt wie sie war, mit Mantel und Tigerfellmützchen auf die Couch und las mir das Gedicht ‹Die Verscheuchte› vor – damals noch unter dem Titel ‹Das Lied der Emigrantin›. Dann fragte sie mich abrupt: ‹Wie finden Se dat?› Ich äußerte meine Erschütterung, aber sie unterbrach mich schnell: ‹Nein, nein! Nich ob et Ihnen jefällt, sondern› – und sie zeigte auf einen bestimmten Vers – ‹wat heißt denn dat hier? dat hier?› In der Annahme, die Dichterin wünsche nur eine Bestätigung für die Klarheit ihrer Worte, erklärte ich, was ich als Gehalt dieser Stelle verstand. Da sah sie mich mit ihren großen Augen an und meinte staunend, in dem singenden Tonfall ihres Elberfelder Dialektes: ‹Ja, Jung, so kann dat jemeint jewesen sein!›»[72]

Die Dichterin lässt sich ein Gedicht deuten, das über Nacht in ihr entstanden war. Leider merkte Ginsberg nicht an, um welchen Vers es sich dabei gehandelt hatte, das bleibt dem Spürsinn und der Einschätzung des Lesers überlassen:

Die Verscheuchte

Es ist der Tag im Nebel völlig eingehüllt,
Entseelt begegnen alle Welten sich –
Kaum hingezeichnet wie auf einem Schattenbild.

Wie lange war kein Herz zu meinem mild …
Die Welt erkaltete, der Mensch verblich.
– Komm bete mit mir – denn Gott tröstet mich.

Wo weilt der Odem, der aus meinem Leben wich?
Ich streife heimatlos zusammen mit dem Wild
Durch bleiche Zeiten träumend – ja ich liebte dich …

Wo soll ich hin, wenn kalt der Nordstürm brüllt?
Die scheuen Tiere aus der Landschaft wagen sich
Und ich vor deine Tür, ein Bündel Wegerich.

Bald haben Tränen alle Himmel weggespült,
An deren Kelchen Dichter ihren Durst gestillt –
Auch du und ich.[73]

Schlussgedanken

Hat man als Leser einmal mit Verstand und Empfindung erfasst, dass der Dichter Lyrik aus nachtverwandten Lebensbereichen holt, dann wundern einen die großen Kräfte nicht mehr, die den lyrische Verse Sprechenden stärken, aufrichten, trösten, erquicken, heilen. An dieser Wirklichkeit hat sich seit Walther von der Vogelweide nichts geändert. Und bis zu den zeitgenössischen Dichtern findet man in Gedichten Zeilen, die sich ihres melodischen Klanges wegen dem Gedächtnis leicht einprägen und dort von Zeit zu Zeit sich melden mit dem Wunsche, gesprochen zu werden. Da lebt etwas.

Der Mond ist aufgegangen,
Die goldnen Sternlein prangen
Am Himmel hell und klar.

Einfachste Worte. Und doch! Das Genie Matthias Claudius antwortete mit starkem Gefühl auf eine ganz gewöhnliche Abenderscheinung: den aufgegangenen Mond. Es entstand das Verlangen, dieses Abendgefühl der Sprache anheim zu geben. «Innewohnendes dichterisches Talent» (Goethe betrachtete es im Hinblick auf sich selbst als «Natur») wies die Gültigkeit des Verlangens aus, sodass die Sprache die Abendstimmung des

Matthias Claudius so rückhalt- wie restlos in ihre Sphäre des Edleren, Höheren aufnahm, die der Verstand nicht fassen kann, die sich nur dem empfindenden Ahnen erschließt. Dadurch füllen die Wortfügungen des Dichters sich mit «neuem Sinn» – und mit der unerschöpflichen Lebenskraft, die jeden, der das Gedicht empfindend und fühlend spricht, voll durchdringt, ihn seines Mensch-Seins versichert, ihn seelisch befähigt, sich aufrecht zu halten – in welcher Situation auch immer er sich befinde. Geprägt vom Charakter des Matthias Claudius und in deutscher Sprache erklingend mündet das Gedicht ein in die Zeile: «Und unsern kranken Nachbar auch.»

Abendstimmung, von Paul Verlaine seiner, der französischen Sprache anvertraut, klingt anders:

La lune blanche
Luit dans les bois;
De chaque branche
Part une voix
Sous la ramée …[74]

Da endet die Strophe: «O bien aimée», und man meint, es könnte gar nicht anders heißen nach den vorhergegangenen Zeilen.

Welche Verschiedenheiten! Und doch: Lösende Erquickung fließt aus dem einen wie aus dem anderen Gedicht. Werden beide ruhig und gesammelt Zeile für Zeile empfunden, kann ein beglückender Gedanke sich einstellen: Welche Schatzkammern, welche grenzenlosen Meere von Wasser des Lebens sind beschlossen in den Lyrikbereichen der Sprachen. Für jeden unverschlossen, für jeden erreichbar, der ihnen Empfinden und Ohr öffnen kann.

Raum II

Noch ist Raum
für ein Gedicht

Noch ist das Gedicht
ein Raum

wo man atmen kann[75]

Anmerkungen

1 Wisława Szymborska, *Auf Wiedersehn bis morgen.* Gedichte, Frankfurt am Main: Suhrkamp 1995, 1. Auflage der Taschenbuchausgabe 1998, S. 11.
2 Joseph Brodsky, *Erinnerungen an Leningrad,* München: Carl Hanser Verlag 1987, S. 16 f.
3 Derselbe, *Ausgewählte Gedichte,* Esslingen / München: Bechtle Verlag, 1987, S. 5.
4 Alle Zitate aus: Jewgenia Ginsburg, *Marschroute eines Lebens,* deutsch von Swetlana Geier, München / Zürich: Piper 1986.
5 Peter Huchel, *Die Sternenreuse.* Gedichte 1925–1947, München: Piper Verlag 1967, 3. Aufl. 1973.
6 *Goethes Gedichte in zeitlicher Folge,* Frankfurt am Main: Insel Verlag 1982, S. 1095.
7 Joseph Brodsky, *Flucht aus Byzanz,* Frankfurt am Main: Fischer Taschenbuch Verlag 1991, S. 74.
8 a.a.O., S. 18.
9 a.a.O., S. 100.
10 Goethe, *Geschichte der Farbenlehre,* Hamburger Ausgabe Bd. 14, S. 41.
11 ebenda.
12 Günther Kunert, *Verspätete Monologe,* München / Wien: Carl Hanser Verlag 1981, S. 160.
13 Wilhelm von Humboldt, *Werke Bd. 5,* Darmstadt: Wissenschaftliche Buchgesellschaft 1963, S. 554 ff.
14 a.a.O., S. 567. – Humboldt gewann seine Einsichten beim Erforschen der besonderen Komponente, die im Wesen einer Sprache ihre Eigenart als einem bestimmten Volke zugehörig

ausmacht. Diesem individuellen Anteil schrieb Humboldt eine Geistigkeit zu, für die «Erkennen» nicht mehr ausreicht. – In diesem Zusammenhang ist eine Beobachtung der Übersetzerin Swetlana Geier bemerkenswert. Auf eine Anfrage, ob sie (nach Jewgenia Ginsburg, Dostojewski u.a.) nicht auch Puschkin ins Deutsche holen wolle, antwortete Swetlana Geier: «Puschkin halte ich für unübersetzbar. Es ist eben eine ideale Verbindung von Inspiration und Sprache, so rein, so schlackenfrei, dass es nur in der ursprünglichen, in der russischen Klang- und Vorstellungswelt nachvollziehbar ist. Jede, aber auch jede Übersetzung bedeutet unwiederbringlichen Verzicht und Einschränkung durch die notwendige Entscheidung. Aber im Grunde geht es bei großer Lyrik auch in anderen Sprachen nicht anders.» (Brief vom 21.2.2000) – Große Dostojewski-Romane – weil Prosasprache – lassen Übersetzung (noch) zu. Bei Lyrik – und Prosasprache mit stark lyrischem Anteil – verbietet sie sich. Das ist von manchen unserer Betrachtungen her gut zu verstehen.

15 a.a.O., S. 566 f.

16 Emil Staiger, *Grundbegriffe der Poetik,* München: Deutscher Taschenbuch Verlag, 4. Aufl. 1978, S. 31.

17 Walter Urbanek, *Lyrische Signaturen,* Bamberg: C.C. Buchners Verlag 1976, 2. Aufl. 1989, S. 461.

18 Goethe, Hamburger Ausgabe Bd. I, S. 417.

19 Derselbe, *Dichtung und Wahrheit,* 4. Teil, 16. Buch, Hamburger Ausgabe Bd. 10, S. 80.

20 a.a.O., S. 80 f.

21 a.a.O., 4. Teil, 16. Buch.

22 Johann Peter Eckermann, *Gespräche mit Goethe*, Zürich und München: Artemis Verlag 1948, 3. Auflage 1976.

23 Jacques Lusseyran, *Das Leben beginnt heute,* München: Deutscher Taschenbuch Verlag, Neuauflage 1994, S. 84 f.

24 a.a.O., S. 89 f.

25 Ruth Klüger, *Weiter leben. Eine Jugend*, München: Deutscher Taschenbuch Verlag 1994, S. 123 f.

26 ebenda.

27 a.a.O., S. 126 ff.

28 a.a.O., S. 127.

29 a.a.O., S. 160.

30 a.a.O., S. 161.

31 Emil Staiger (vgl. Anm. 16), S. 146.

32 a.a.O., S. 39.

33 a.a.O., S. 32.

34 John Updike, hier zitiert aus *Das Regenbuch*, ausgewählt und herausgegeben von Simone Frieling, Frankfurt am Main: Insel Verlag 1999, S. 11.

35 *Goethes Gedichte in zeitlicher Folge*, S. 771.

36 Goethe, Hamburger Ausgabe Bd. 12, S. 467, Nr. 723.

37 Rudolf Steiner, *Anthroposophische Leitsätze*, GA 26, Dornach: Rudolf Steiner Verlag, 9. Aufl. 1989, 7. Leitsatz.

38 Goethe, ebenda.

39 *Scheine, Sonne, scheine.* Kinderverse und Gedichte für die ersten Schuljahre, gesammelt u. hrsg. von Ernst Bühler u. Margrit Lobeck, 3., erweiterte Auflage, Stuttgart: Verlag Freies Geistesleben 1992, S. 32 f. Die kleineren Reime auf den Seiten 10,11, 12.

40 a.a.O., S. 58.

41 *Kommt Kinder, wischt die Augen aus, es gibt hier was zu sehen*, München / Wien: Carl Hanser Verlag 1974, S. 96 f.

42 Helmut Fischer, *Kinderreime im Ruhrgebiet*, Köln: Rheinland-Verlag 1991. Die nachfolgenden Zitate finden sich auf den Seiten 13, 22, 28 und 21.

43 Weil Lyrik als solche in allen ihren Spielarten – von der Kinder- bis zur Gedankenlyrik – immer desselben Wesens und Stammes ist, fällt der Übergang von der einen zur anderen Art leicht. Brentano, Mörike, Goethe, Storm und andere können ohne Schwierigkeiten auch in den unteren Grundschulklassen Ein-

gang finden. Die Herausgeber guter Anthologien von Kinderlyrik haben das immer gewusst. Auf Folgende sei hingewiesen:
– *Scheine, Sonne, scheine* (siehe Anm. 39).
– *Allerleirauh,* herausgegeben von Hans Magnus Enzensberger, Frankfurt am Main: Insel Verlag 1974.
– *Die Wundertüte.* Alte und neue Gedichte für Kinder, Stuttgart: Philipp Reclam jun. 1989.

44 Jean Cocteau, *Der Lebensweg eines Dichters. Démarche d'un poète.* Zweisprachige Ausgabe. München: F. Bruckmann Verlag 1968, S. 69.

45 Israel Chalfen, *Paul Celan. Eine Biografie seiner Jugend,* Frankfurt am Main: Insel Verlag 1979, S. 7.

46 Emil Staiger (vgl. Anm. 16), S. 16, 13, 39, 16.

47 Paul Verlaine, Art poétique, in: Georges Pompidou, *Anthologie de la poésie française,* Librairie Hachette 1961, p. 428/9.

48 *Goethes Gedichte in zeitlicher Folge,* S. 412.

49 Staiger, S. 39 (siehe Anm. 46).

50 Johannes Bobrowski, *Wetterzeichen,* Berlin: Verlag Klaus Wagenbach 1967, S. 78.

51 Rose Ausländer, *Gesammelte Gedichte,* Köln: Literarischer Verlag Braun, 3. Auflage 1978, S. 432.

52 Paul Celan, *Atemwende,* Frankfurt am Main 1967: Suhrkamp Verlag 1967, S. 46.

53 a.a.O., S. 22.

54 Paul Celan, *Gedichte 1938–1944.* Vorwort von Ruth Kraft, Frankfurt am Main: Suhrkamp Verlag 1985, S. 125.

55 a.a.O., S. 137.

56 Derselbe, *Lichtzwang,* Gedichte, Frankfurt am Main: Suhrkamp Verlag 1970, S. 45.

57 Derselbe, *Von Schwelle zu Schwelle,* Stuttgart: Deutsche Verlagsanstalt 1995, S. 59.

58 Thomas Bernhard, *Gesammelte Gedichte,* Frankfurt am Main: Suhrkamp Verlag 1991, S. 283.

59 a.a.O., S. 176.
60 *Die Edda,* übertragen von Felix Genzmer, Düsseldorf / Köln: Eugen Diederichs Verlag 1956, S. 8.
61 Paul Celan, siehe Anm. 52, S. 103.
62 Christine Lavant, *Gedichte.* Nachwort von Grete Lübbe-Grothues, München: Deutscher Taschenbuch Verlag 1972, S. 125.
63 Christine Lavant, *Kunst wie meine ist nur verstümmeltes Leben,* Salzburg: Otto Müller Verlag 1978, S. 60.
64 Bertolt Brecht, *Über Lyrik.* Hier zitiert nach Urbanek, *Lyrische Signaturen*, S. 455 (siehe Anm. 17).
65 Bertolt Brecht, in: Karl Otto Conrady, *Das große deutsche Gedichtbuch,* München: Artemis und Winkler Verlag, 3. Auflage 1994.
66 Bertolt Brecht, *Ausgewählte Gedichte,* Frankfurt am Main: Suhrkamp Verlag 1960, S. 30.
67 Ingeborg Bachmann, *Anrufung des Großen Bären,* München: Piper Verlag 1956, S. 18 f.
68 Reiner Kunze, *eines jeden einzelnes leben,* Frankfurt am Main: S. Fischer 1986, S. 64.
69 a.a.O., S. 33.
70 Ders., *Wo Freiheit ist,* Frankfurt am Main: S. Fischer 1994, S. 29 ff.
71 Aus einem Brief an die Redaktion der Zürcher Zeitung vom 28. Januar 1937, in: Else Lasker-Schüler, *Verse und Prosa,* München: Deutscher Taschenbuch Verlag 1986, S. 43 f.
72 Ernst Ginsberg, *Abschied.* Erinnerungen, Zürich: Verlag Die Arche 1965, S. 154 f.
73 Else Lasker-Schüler, *Gedichte 1902–1943,* München: Deutscher Taschenbuch Verlag 1986, S. 345.
74 Vgl. Anm. 47, S. 419.
75 Rose Ausländer, vgl. Anm. 51, S. 501.

falter

Vom rechten Umgang mit sich selbst

Einsamkeit

von Adam Bittleston

Lebenskrisen

Zwölf Schritte zu ihrer Bewältigung
von Julian Sleigh

Das Leben meistern

Zur Praxis des achtgliedrigen Pfades
von Adam Bittleston

Alchemie der Nähe

Die Begegnung von Mann und Frau
von Dorothea Rapp

VERLAG FREIES GEISTESLEBEN

falter

Vom rechten Umgang mit sich selbst

Vom Engel berührt

Schicksalsbegebenheiten
erzählt von Dan Lindholm

*Woher kommen wir –
wohin gehen wir?*

Fragen nach wiederholten Erdenleben
von Dan Lindholm

Warum haben Engel Flügel?

Der Engel als Bild und Begegnung
von Hella Krause-Zimmer

VERLAG FREIES GEISTESLEBEN

falter

Bilder des Lebens

Der Reiter und das Mädchen

Wandlungen einer ersten Liebe
von Inge Ott

Turm am Wasser

Die Linien des Lebens:
Hölderlin und Charlotte von Zimmer
von Inge Ott

Die gläserne Brücke

zwischen Leben und Tod
von Inge Ott

Hören auf den Grund des Lebens

Begegnungen mit dem Schicksal
von Ursula Grahl

VERLAG FREIES GEISTESLEBEN